Dedicado a:

_____
_____
_____
_____
_____

Para: _____

De: _____

Fecha: _____

DRS. JOSE Y LIDIA ZAPICO

DETRÁS DE LA INIQUIDAD

QUÉ SE ESCONDE DETRÁS DE LA NUEVA ERA, SÍMBOLOS, TATUAJES Y PIERCINGS

SEGUNDA EDICIÓN AMPLIADA

Nuestra Visión

Alcanzar las naciones llevando la autenticidad de la revelación de la Palabra de Dios, para incrementar la fe y el conocimiento de todos aquellos que lo anhelan fervientemente; esto, por medio de libros y materiales de audio y video.

ISBN: 1-59900-026-1

Segunda edicion 2012

Todos los derechos son reservados.
Ninguna parte de esta publicación puede ser reproducida o archivada en un sistema electrónico, ni transmitida bajo ninguna forma electrónica, mecánica, fotográfica, grabada o de alguna otra manera sin el permiso previo del autor por escrito.

Portada diseñada por: Esteban Zapico

JVH Publications - Departamento de Diseño

Citas bíblicas tomadas de la Santa Biblia, Revisión 1960

Categoría: Crecimiento Espiritual

Impreso por: JVH Publications
Impreso en U.S.A.

Detrás de la Iniquidad

Jose y Lidia Zapico

Índice

Prólogo.................. 9

Capítulo 1
¿Qué es Iniquidad?.................. 13

Capítulo 2
El Aumento de la Iniquidad.................. 23

Capítulo 3
¿Qué es la Nueva Era?.................. 43

Capítulo 4
Organizaciones que Promueven la N.E. 1..... 57

Capítulo 5
Organizaciones que Promueven la N.E. 2..... 87

Capítulo 6
Simbología.................. 105

Capítulo 7
¿Qué se Esconde Detrás de las Películas?..... 127

Capítulo 8
Tatuajes con Simbologías.................. 141

Capítulo 9
¿Qué Acerca de los Piercings?.................. 155

Capítulo 10
¡Libres, No Esclavos!.................. 165

Conclusión.................. 185

Bibliografía.................. 187

Prólogo

La apariencia de este siglo 21, es más hostil y abrumadora que las décadas pasadas. La inmoralidad ahora se ve normal. Las actividades esotéricas, el postmodernismo, el humanismo y el renacer de las sectas paganas medievales toman nuevas formas para establecerse como "modalidad." A eso le podemos sumar las guerras, la desolación y la desorientación por los cambios climáticos.

El siglo pasado fue bombardeado por cambios drásticos y particularmente con la búsqueda de lo desconocido a través de los estupefacientes, nuevo avance de tecnología y proliferación de plagas y virus como el sida que causaron pánico entre la población de muchas ciudades del mundo. Todo esto ha ido oprimiendo las mentes de los seres humanos trayendo inseguridad e inestabilidad.

La Nueva Era se levanto el siglo pasado como un gigante queriendo dar respuestas espirituales a los buscadores de nuevas experiencia. Aun no se ha instalado la era de acuario ni "Maytreiya" su esperado dios. La propagación de todo lo esotérico y oculto sigue en su auge en este nuevo siglo, añadiéndose más guerras, conflictos devastadores y un estado de pánico y temor por el acoso de los medios de comunicación en el mundo. El desbalance de la economía y la unificación de todas las grandes multinacionales hacen desequilibrar las diferentes capas sociales.

¿Será que el clímax de la maldad ya esta a punto de desbordar? ¿Será que el hombre cada vez le da mas las espaldas al creador creyéndose capaz y dueño de la tierra y de todo lo que toca?

La **iniquidad, rebelión y pecado**, fueron los tres términos que YHVH le dio a Moisés como el cordón de tres dobleces que pasaría de generación en generación a la humanidad entera. Dios hace ya más de 2.000 años que dio la solución para que este cordón donde se propaga la maldad, no sólo fuera cortado sino sustituido por un cordón de bendición estable y duradera. Fue su propio regalo Jesucristo el enviado de Dios para que todo aquel que creyera en El recibiera la bendición y que su generación fuera bendecida y prosperada hasta mil generaciones. ¿Quieres recibir esa bendición tu y tus descendientes? ¿Quieres que Dios te de renombre sobre la tierra? Para eso se deben cortar paradigmas de esclavitud y de imposibilidad en tu mente, para recibir por la renovación del Espíritu Santo la fe necesaria. Ya en Jesucristo está todo el poder suscripto en El mismo, para recibir la libertad total de la maldición de la iniquidad.

Los tiempos son difíciles y se están acortando, la confusión irá en aumento; hoy es el día para que veas y entiendas donde esta y como se mueve la iniquidad; para extirparla totalmente de tu generación. Te animamos a leer este libro, para entender los planes ocultos de las tinieblas en esta hora de gran confusión. Nuestro anhelo es que tus ojos espirituales se abran para que entiendas, como se mueve la iniquidad y como ser libre de ella.

Los autores

1

¿Qué es Iniquidad?

Antes en el corazón maquináis iniquidades; hacéis pesar la violencia de vuestras manos en la tierra.
Salmos 58:2

Para comenzar el análisis acerca del misterio de la iniquidad, nombrado por el Apóstol Pablo, empezaremos por estudiar la misma palabra, para descifrar su significado.

I. Carencia de Ley

Iniquidad viene de la palabra /anomia/ lo cual significa: carencia de ley, o bajo una manifestación de maldad. Aparece unas 49 veces en el libro de los salmos y tiene que ver con:

- Transgresión a la ley.
- Hacer lo que es en contra de la ley, actos o manifestaciones de revuelta contra la ley.

a) Evidentemente, cuando se menciona la palabra **trasgresión** se refiere a: "traspasar los límites que marcan la separación entre la castidad y el libertinaje."

La iniquidad siempre es producto de una determinación voluntaria tomada en contra de las normas divinas, por lo cual implica culpabilidad.

b) Se refiere también: con paso en falso, infracción, desviación de la rectitud y desviación de la verdad.

II. Injusticia

Para iniquidad, existe otra segunda palabra en griego que es /adikia/, esto indica: injusticia, condición de lo que no es derecho, ante Dios, basado en la norma de su santidad y rectitud. También con el hombre, en base de la norma de lo que el hombre sabe que es recto mediante su conciencia. La injusticia es la forma de moverse hoy desde los gobiernos, hasta incluso, los jueces. Aunque lamentablemente la corrupción, a veces, sale de las cabezas de las naciones y el fraude es parte del diario vivir.

III. Violación de la Ley

Una tercera palabra define este término y es /paranomia/ lo cual significa: "quebrantamiento de la ley." Es aquello que va en contra o para afirmar lo que es sin ley, en definición: es todo aquello que se revela a lo que Dios mismo ha establecido. La palabra iniquidad es literalmente: *injusticia*, la condición de no ser recto, ya sea en relación con Dios, en base a su forma inamovible de justicia y santidad, o en relación con los hombres, basado en lo que el hombre piensa que es justo por su propia conciencia y por sus buenas obras.

IV. Culpa, Castigo

La palabra iniquidad en la raíz original hebrea encontramos también, /*awon*/ lo cual significa: **culpa, castigo**. Este nombre, se encuentra 231 veces en el Antiguo Testamento y se limita al hebreo y arameo bíblico. La primera declaración de /*awon*/ proviene de los labios de Caín, con la connotación especial de "castigo": *Y dijo Caín a Jehová: Grande es mi castigo para ser soportado.* Génesis 4:13. El significado básico de /awon/ es iniquidad. El término indica:

- una ofensa, intencional o no, en contra de la Ley de Dios.

Posee el mismo significado fundamental con la palabra "pecado" /jatta't/, por lo que los vocablos /jatta't/ y /awon/ son virtualmente sinónimos:

He aquí que esto (el carbón encendido) *ha tocado tus labios* (los de Isaías); *tu culpa* /*'awon*/ *ha sido quitada, y tu pecado* /*jatta't*/ *ha sido perdonado.* Isaías 6.7.

V. Desgracia

La palabra /*awen*/, tiene también que ver con iniquidad; infortunio, desgracia. La acepción "desgracia" o "infortunio" se pone de manifiesto en las maquinaciones de los malos en contra de los justos: *Si alguien viene a verme, habla mentira. Su corazón acumula iniquidad para sí, y saliendo afuera, lo divulga.* Salmos 41:6.

La Palabra/Awen/ en este sentido es sinónimo de /êd/, **desastre** (Job 18:12).
En un sentido muy real /awen/ es parte de la existencia humana, y como tal, el vocablo es idéntico a /amall/ que significa **trabajo**, como en Salmos 90.10: *Los días de nuestra vida son setenta años; y en los más robustos, ochenta años. La mayor parte de ellos es duro trabajo y vanidad; pronto pasan, y volamos.* /Awen/, en un sentido más profundo, caracteriza el estilo de vida de los que no tienen a Dios:

Porque el vil habla vilezas; su corazón trama la iniquidad para practicar la impiedad y hablar perversidades contra Jehová, a fin de dejar vacía al alma hambrienta y privar de bebida al sediento. Isaías 32:6

El interior del hombre está corrompido por la iniquidad desde los tiempos de Caín. Aunque toda la humanidad, desde entonces, está sujeta a /Awen/ (trabajo, afán). Hay quienes se deleitan en causar dificultades y «desgracias» para otros, tramando, mintiendo y comportándose engañosamente. El salmista describe la iniquidad como estilo de vida de la siguiente manera:

He aquí que gesta maldad, concibe afanes y da a luz mentira. Salmos 7:14. Concibieron dolor, dieron a luz iniquidad, Y en sus entrañas traman engaño. Job 15:35

Aquellos que participan en las obras de las tinieblas son "obreros de iniquidad," hacedores de maldad o causantes de "desgracias." /Awen/ tiene sinónimos que comunican este sentido: **maldad** /ra/, y **malos** (antónimos de rectitud y justicia). *Ellos buscan la perdición de los justos. Salmos 141:9* De esta misma definición leemos este otro Salmo.

Los insensatos no estarán delante de tus ojos; aborreces a todos los que hacen iniquidad, destruirás a los que hablan mentira; al hombre sanguinario y engañador abominara Dios. Salmos 5:5

En este texto, se enfatiza como malvado, la mentira, el engaño y el derramamiento de sangre. El calificativo de iniquidad alcanza su máxima expresión al decir que los malos obran, hablan, engendran, piensan, conciben, recogen, aran, y cosechan maldad.

¿Cómo Se Generó la Maldad?

...perfecto eras en todos tus caminos, desde el día que fuiste creado hasta que se halló en ti maldad. Ezequiel 28:15

Cuando en el querubín protector se detectó la

maldad, entonces fue arrojado del cielo a la tierra. La escritura dice así: *profanaste tu santuario; yo, pues (Dios), saqué fuego de en medio de ti, el cual te consumió. v.18.*

Hoy por hoy, están los adversario de la raza humana, porque conocen muy bien como emplear sus planes y estrategias para engañar al hombre. Saben las debilidades humanas, dado que el querubín y sus seguidores fueron seres creados por el Dios Adonai (Señor), el único Dios creador. Por eso nos dice así el texto sagrado: *los primores de tus tamboriles y flautas estuvieron preparados para ti en el día de tu creación.* Ezequiel 28:13

Esto denota cual importante es la música, ella alcanza una vibración tan especial que penetra hasta el alma y el espíritu del hombre. Satanás conoce muy bien eso. Algunos asocian este "festín celestial" con el día de su nacimiento y creen que el querubín fue el director de música por un tiempo en el coro celestial, es decir: "experto en la materia." Tenemos ejemplos de muchos de los conciertos bailables, en donde miles de los presentes quedan envueltos bajo una opresión de encantamiento, y hasta oprimidos diabólicamente por los hechizos que lanzan las melodías de la música y las acciones indecentes lujuriosas que exceden estos espectáculos.

No sólo se manifiestan estas operaciones diabólicas a través de los conciertos, sino a través de películas, donde se ha pactado con el enemigo antes de lanzarlas por las salas de cine; logrando cautivar las mentes de los espectadores. Otro ejemplo de esto lo tenemos en los miles de mensajes subliminales que inconsciente-mente penetral en las mentes, controlando las acciones sin que las personas se den cuenta. Muchos están escépticos a esto y es porque no conocen cómo se mueve la influencia del control mental en el mundo espiritual y cómo quedan seducidas las almas.

Todas las criaturas angelicales fueron creadas perfectas. Pero Luzbel es comparado como: *"el sello de perfección."*

...*Perfecto eras*... Esto denota su posición de perfección, belleza e inteligencia. Siendo esta belleza, que le hizo sentirse, casi igual a Dios, su creador. (En ese día se halló en él la maldad). Consistió en querer ser igual.

Las Sagradas Escrituras no especifican el tiempo que pasó entre el día de su creación y el día en el cual se halló en él la maldad, (anarquía, rebelión a la autoridad). Pero sí sabemos que todo esto sucedió antes de la creación del hombre. Si bien "el querubín" tenia acceso al santo monte de Dios, el profeta Isaías relata que quiso subir todavía más alto y más aún por encima de Dios. Si Dios habita en lo más alto es digno de destacar, que quiso ir no en posición física sino por encima de la autoridad. No le bastó estar en su santo monte sino que quiso superar a Dios y ser dios. Este "ángel de luz" se convirtió en "tinieblas," de ahí la expresión: *"el misterio de Iniquidad."*

2

El Aumento de la Iniquidad

Antes en el corazón maquináis iniquidades; hacéis pesar la violencia de vuestras manos en la tierra.
Salmos 58:2

El "Misterio de Piedad" es el ministerio de Cristo este da vida y perdón, mientras que el "Misterio de la Iniquidad" es el que condena y da muerte. Siempre que en la Biblia (AT) se menciona la palabra iniquidad, tiene que ver con la condición interna del corazón del hombre, su desobediencia y su maldad. También se aplica la palabra iniquidad a los hechos cargados de injusticia que han sido cometidos. Los inicuos meditan sus estrategias para sus malvados planes.

Desde que nace la persona lleva consigo el pecado original, (la tendencia a pecar) a menos que no sea hecha nueva criatura por medio de la redención (rescate), a través de la obra de Cristo en la cruz. Esto es una intervención divina, ya que por su naturaleza el hombre está constituido en maldad y eso le impide agradar a Dios. La Biblia dice que las palabras y acciones de los hombres malvados son como veneno en los colmillos de la serpiente. (Salmo 140:3) Por esta razón el salmista David hace una oración para que las intenciones de los malvados sean derribadas.

Allí cayeron los hacedores de iniquidad; fueron derribados, y no podrán levantarse. Salmos 36:12

Observemos un detalle bien importante; aún los miembros, o partes del cuerpo del hombre pecador pueden ser instrumentos de iniquidad.

No reine, pues, el pecado en vuestro cuerpo mortal, de modo que lo obedezcáis en sus concupiscencias; ni tampoco presentéis vuestros miembros al pecado como instrumentos de iniquidad, sino presentaos vosotros mismos a Dios como vivos de entre los muertos. Romanos 6: 12-13

El cuerpo mortal es sin lugar a duda, aquello en lo cual el pecado encuentra una vía fácil para actuar. La mente como parte del cuerpo, puede caer en tentación al ceder al pensamiento pecaminoso y llegar a contaminar todo el cuerpo. Esta es la razón por la cual hay que estar muertos al pecado y dispuestos a presentar los miembros como instrumentos de justicia diariamente para Dios.

El pecado no tiene porque reinar en el corazón del hombre; esta decisión la toman todos aquellos que se han comprometido con Cristo.

El apóstol Pablo hace una gran advertencia diciendo: *"que presentéis,"* esto sin duda alguna tiene que ver con una decisión de la voluntad, antes de que el pecado pueda tener poder sobre un creyente, primero debe pasar a través de su voluntad. Y sigue diciendo: *vuestros cuerpos,* o sea las partes del cuerpo físico que funcionan como centro de operaciones del pecado en la vida del creyente. Y sigue añadiendo: *en sacrificio vivo*. El creyente debe entender que ahora esta viviendo bajo la gracia divina, la cual, le capacita para obedecer la palabra de verdad. Lo opuesto a esto es ser instrumentos de iniquidad, lo que tristemente tiene que ver con todo aquello que viola la voluntad y los fundamentos establecidos por la Palabra de Dios.

La Apostasía en el Mundo y en la Iglesia

La Biblia dice que el "misterio de la iniquidad" ya está en acción, esto nos indica que el tal ya ha sido puesto en movimiento, es decir, ha sido activado y él mismo está hoy funcionando en el Planeta Tierra. Lo único que se puede hacer, cuando algo esta accionado, es frenarlo, o resistirlo. Tú no puedes detener algo que no ha comenzado a moverse. Pues bien, el misterio de la iniquidad es algo que **sólo puede ser confrontado por la Iglesia de Jesucristo,** y es ella la que tiene el poder y la unción del Espíritu Santo para hacerlo.

El misterio de la iniquidad es algo que el mundo no reconoce, porque son millones los que viven influenciados y adaptados a ella. Se manifiesta especialmente en la mente entenebrecida y en la forma de actuar.

Este poder engañoso, se refiere a un espíritu; en la Biblia se habla del espíritu de error y el opuesto es del espíritu de verdad... *"en esto conocemos... el espíritu de error,"* dice el apóstol Juan, el que nos oye es porque se acerca a la verdad y cree la verdad, y el que no nos oye, y nos rechaza, es porque ha escuchado y obedece a un espíritu de error.

Nosotros somos de Dios; el que conoce a Dios, nos oye; el que no es de Dios, no nos oye. En esto conocemos el espíritu de verdad y el espíritu de error. 1 Juan 4:6

Pablo fue el apóstol que percibió que el espíritu del anticristo ya estaba actuando y operando y que la "carencia de ley" (que es la iniquidad) se iba a manifestar antes de la segunda Venida de Cristo

Nadie os engañe en ninguna manera; porque no vendrá sin que antes venga la apostasía, y se manifieste el hombre de pecado, el hijo de perdición. 2 Tesalonicenses 2:3.

La frase "hombre de pecado," tiene que ver con un término que da la idea de menosprecio por la ley de Dios. Por tanto el "espíritu del anticristo" negará todo lo que concierne a Dios, dándole la espalda y ofendiendo con palabras y acciones, llegando a ser una forma de pensar generalizada en todas las mentes.

Porque ya está en acción el misterio de la iniquidad; sólo que hay quien al presente lo detiene, hasta que él a su vez sea quitado de en medio. 2 Tesalonicenses

2:7. Este texto indica que desde siempre, esta manifestación del mal ha estado en acción trabajando. Sólo hay uno que ha estado deteniendo su avance. Esto establece una gran verdad para los redimidos, para que no vivan bajo el desanimo, sino caminar con valor y la autoridad que emana del poder del Espíritu Santo. Por medio de la apostasía se manifestará la actividad directa del espíritu de rebelión que es el que se opone a Dios. Esta es la más grande sublevación y estado de rebelión contra todo aquello que proviene de Dios, dentro y fuera de la Iglesia de Jesucristo. La Apostasía precede a la aparición del hombre de pecado y ya se está viendo acrecentar en estos día. Nos estamos aproximando al día del Señor, cuando la apostasía y la iniquidad alcanzarán su clímax dentro de la Iglesia.

La apostasía precede a la aparición del hombre de pecado y ya se está viendo acrecentar en estos días.

La palabra **apostasía** viene de la raíz griega /*afistemi*/, lo cual significa: revuelta, sublevación, rebelión. Esto tiene que ver con el abandono y rechazo de la fe. La apostasía en el análisis teológico tiene que ver con el desvío y rechazo de todo lo que sea la enseñanza real y verdadera de la Biblia. La apostasía es también parte de la manifestación de la iniquidad, conduciendo finalmente al mundo en una gran rebelión contra Dios, impulsada finalmente por el apoyo "del inicuo," quien se hará pasar por Dios. Es también apartar a hombres y mujeres del verdadero objetivo que Dios trazó para ellos, para ser arrastrados moralmente a lo más bajo por las fuerzas demoníacas, provocando que se rebele con sus hechos, contra su verdadero Creador.

...inicuo cuyo advenimiento es por obra de Satanás, con gran poder y señales y prodigios mentirosos, y con todo engaño de iniquidad para los que se pierden, por cuanto no recibieron el amor de la verdad para ser salvos. Por esto Dios les envía un poder engañoso, para que crean la mentira, a fin de que sean condenados todos los que no creyeron a la verdad, sino que se complacieron en la injusticia.
 2 Tesalonicenses 2:9-12

En el momento en que El Espíritu Santo deje de detener la furia de la maldad, es ahí donde se manifestará el anticristo, llamado por la misma Palabra "inicuo." Siendo el resultado final, su confinamiento a los infiernos y no sólo la de él, sino la de todas las fuerzas operativas del mal. El inicuo se manifestará (cuyo advenimiento es por obra de Satanás) con gran poder y señales y prodigios mentirosos. Es un ser que se mostrará, trayendo un movimiento arrollador de perversidad, ejerciendo un poder subliminal sobre las mentes incautas con gran engaño.

Este líder mundial será establecido, no sólo en el aspecto de la política, sino en lo religioso, ya que pretenderá ser adorado como un dios en la tierra. La preparación de las religiones unidas ya ha comenzado, extendiéndose por todo el mundo.

Porque vendrá el tiempo cuando no sufrirán la sana doctrina, sino que teniendo comezón de oír, se amontonarán maestros conforme a sus propias concupiscencias, y apartarán de la verdad el oído y se volverán a las fábulas. 2 Timoteo 4:3-4

Observando el Espíritu que Opera en el Mundo Hoy

Tenemos que recordar que a medida que nos acercamos a los últimos días, la maldad actuará cada vez más desenfrenadamente, a través de los demonios oprimiendo a los seres humanos. Al ir tomando día a día mayor fuerza, la apostasía alcanzará niveles cada vez mayores; lo que significa que el misterio de la iniquidad será una continua actividad oculta de los poderes demoníacos que influirá a la humanidad, intensificándose a medida que se acerca al día del Señor. Satanás utilizará todas sus tácticas para engañar si fuera posible a los escogidos de Dios, para que éstos se aparten de la verdadera fe y sean seducidos por las artimañas del error. Está escrito que muchos en la Iglesia, tanto creyentes como líderes, su fe se enfriará apartándose de las verdades fundamentales de las

El llamado del Espíritu Santo a la Iglesia, es de santificación y consagración. Es el dar el cien por ciento a Dios.

enseñanzas bíblicas. Muchos tolerarán las cosas contrarias a la verdad con tal de tener más éxito, centrados en el yo, la fama y el placer. La palabra de Dios exhorta:

Pero el fundamento de Dios está firme teniendo este sello: conoce el Señor a los que son suyos; y: Apártese de iniquidad todo aquel que invoca el nombre de Cristo. 2 Timoteo 2:19

El fundamento de Dios es su base su camino inescrutable, el cual siempre será firme, y no podrá ser jamás conmovido ni vencido por las fuerzas de las tinieblas. Jesucristo mismo es la roca de los siglos, que fue establecida para todos aquellos que pertenecen a Él. Cuando se habla de sello, esto es un símbolo de apropiación, legalidad y autenticidad. Es allí donde se establece la gran verdad: *conoce el Señor a los que son suyos*. El hecho de que tú conozcas no es sólo existencial en si, sino que se necesita una relación íntima que sólo la obtienen los que invocan su precioso nombre. El llamado es a seguir la fe, el amor, y la paz, con los que de corazón limpio invocan al Señor, viviendo al contrario al espíritu que predomina en el mundo.

La Unificación Religiosa

Por los diferentes medios de comunicación, se está promoviendo la globalización religiosa. Se debe de entender que el sistema ecuménico, es el medio en el que se están estableciendo los pilares para la consolidación del Nuevo Orden Mundial. Las religiones se mezclan y se unen, sin importar sus principios y enseñanzas, con tal de alcanzar una mayor unidad global en el aspecto de la religión única que el mundo cree que necesita tener. Hoy más que nunca, esto está siendo aceptado aceleradamente por las diferentes religiones. Son muchas las tramas y conspiraciones que se están elaborando para establecer las bases de una única y sólida religión mundial. Se debe de entender que hay una pequeña línea de separación entre las enseñanzas de la Nueva Era, con las verdades de la Biblia.

Los falsos maestros se pueden identificar por su total indiferencia y apatía, a las verdades fundamentales del evangelio. A medida que nos vamos acercando al cumplimiento del fin esto será visto con mas frecuencia.

Hay tres propósitos en este esfuerzo por unir las religiones:

1.-Tratar de ridiculizar y negar todo pensamiento y convicción que pudiera haber en las personas acerca de Dios, Jesucristo y la Biblia.

2.-Disolver progresivamente todo concepto de fe en la persona de Jesucristo como el único Salvador.

3.-Elaborar un plan para que la gente crea que la nueva religión mundial es la única y verdadera.

Las siguientes expresiones se escucharán con más intensidad cada día:

- "todos somos hijos del mismo Dios."
- "no importa a que dios te dirijas."
- "aunque tengamos diferentes religiones, en el fondo, todos creemos en el mismo Dios."
- "dejemos a un lado las diferencias."
- "tener una religión es bueno y aceptable, sin importar lo que se practique."
- El bien y el mal es relativo, lo que es malo para ti puede ser bueno para otros."

Pero recordemos que la Biblia nos dice: *El que cree en el Hijo de Dios, tiene el testimonio en sí mismo; el que no cree a Dios, le ha hecho mentiroso, porque no ha creído en el testimonio que Dios ha dado acerca de su Hijo. Y este es el testimonio: que Dios nos ha dado vida eterna; y esta vida está en su Hijo. El que tiene al Hijo, tiene la vida; el que no tiene al Hijo de Dios no tiene la vida.* 1 Juan 5:10-12.

Los llamados y salvos por la Sangre de Jesús tienen un sello el cual nadie ni nada los puede separar del amor que es en Cristo Jesús Señor nuestro.

Jesucristo testificó acerca de sí mismo que Él era el

único camino para llegar a Dios-Padre.

Porque hay un solo Dios, y un solo mediador entre Dios y los hombres, Jesucristo hombre. 1 Timoteo 2:5.

Este, es el más grande proceso de devastación del engaño que esta cautivando a los incautos, también influye para que muchos creyentes se aparten paulatinamente de la verdadera fe, siendo controlados y totalmente manipulados por la mentira. Muchos son los que apartándose de la verdad, resisten oír la enseñanza pura e íntegra de la Palabra de Dios. (*1 Timoteo 4:1*).

Algunos, en estos tiempos, se apartarán del Señor por haber dejado de amar la verdad de Dios, por lo tanto, éstos no se opondrán ni resistirán a las enseñanzas engañadora entrando en error y confusión. A través de la historia de la Iglesia, ha habido siempre quienes se han negado rotundamente a amar la verdadera enseñanza de la Palabra de Dios. A medida que nos vamos acercando al cumplimiento del fin, esto será visto con más frecuencia. (*Mateo 24:11-13*).

Muchos llamados cristianos en nuestros días creen que es bueno adaptarse al postmodernismo.

¿Qué se Entiende por "Pos-modernidad?"

El término "pos-modernidad" se ha vuelto casi un equivalente al nuevo paradigma. Esto demuestra una manera de pensar donde ya no son necesarios los valores definidos; no se demarca ninguna diferencia entre el bien y el mal, esto lleva a pensar de acuerdo a estos principios que lo que es malo para ti, puede ser bueno para otro. Cada individuo crea sus propios valores.

> **Cualquier opinión ya no se establece en base a las evidencias de los hechos y de un pensamiento racional, sino sólo en base de la intuición, las emociones y los sentimientos.**

El postmodernismo rechaza abiertamente todos los valores y verdades absolutas. Por tanto está en abierta oposición, a los fundamentos básicos del cristianismo, los cuales están fundamentados en la verdad incondicional que Dios ha revelado en la Biblia.

Hace algunos años, el conocido conferencista Josh McDowell estableció en una encuesta entre jóvenes cristianos de Estados Unidos, encontrando que el 57% de ellos no creían que existiera una norma objetiva de la verdad. Mientras que un 85% de ellos estaban de acuerdo con la siguiente declaración:

"Lo que es correcto para una determinada persona en una situación dada, no necesariamente tiene que ser correcto para otra persona." "El bien y el mal es relativo, lo que es malo para ti puede ser bueno para otros." El postmodernismo es la resistencia contra el modernismo y el racionalismo, **es la idea de que el**

hombre puede descubrir toda la verdad por medio de su razonamiento. Es importante esclarecer aquí, que el modernismo y racionalismo también está en conflicto contra el fundamento del verdadero cristianismo, pero esto no representa que el post-modernismo, esté en lo correcto.

¿Qué se Entiende por la Tolerancia?

Actualmente cuando se habla hoy de tolerancia, se relacionan significados distintos a los que se daba en tiempos anteriores. Se decía: *"aunque no estoy de acuerdo con tu opinión y creo que estás equivocado, te respeto como persona."* Ahora no es así, en estos momentos, no se puede decir que la opinión de la otra persona esta errada. Lo mismo sucede con la terminología cristiana. Se dice que un cristiano plenamente afirmado en su fe, no puede asegurar que Cristo es el único camino al Padre, porque según "la corriente del nuevo pensamiento social" esto es intolerante.

Actualmente la opinión de Dios, ya no esta "de moda" dentro de la sociedad de nuestros días. Hoy se tolera y se acepta todo como normal, sin importar que este a favor o en contra de los principios divinos. La doctrina del arrepentimiento causa conflicto y división. No es de pensarlo dos veces que en esta nueva idea de "tolerancia" quiere establecer, sin duda alguna, una *intolerancia total* contra los cristianos.

¿Sabias que en muchas naciones del mundo es terminantemente prohibido usar la Biblia, en los lugares públicos y escuelas? Mientras que por otra parte no existe ninguna prohibición de enseñar brujería y magia como parte de la cultura o folklore de una nación. A la misma vez, también se exige leer como libros de textos colecciones extensas llenas de magia, enseñanzas druidas o segas de vampirismo, relacionados todos ellos profundamente, con el ocultismo. Incluyendo clases de yoga y meditación trascendental. ¿No es acaso todo esto una gran red de iniquidad que se extiende a la niñez y juventud por todo el mundo entero?

Veamos ejemplos prácticos que ocurren en el diario vivir en Estados Unidos:

- ❖ Un alumno de cuarto grado fue ridiculizado, disciplinado, y puesto en arresto por una semana, porque oraba antes de las comidas en la cafetería escolar.
- ❖ A dos alumnas de secundaria se les dijo que sus Biblias eran "basura." El profesor tiró las Biblias al basurero y llevó a las alumnas a la oficina del director.
- ❖ Tres alumnos de la misma escuela habían puesto los Diez Mandamientos en el forro de sus libros escolares. Oficiales de la escuela tiraron los libros a la basura, diciendo que los Diez Mandamientos eran "lenguaje de odio."
- ❖ Un juez federal en Texas dijo que cualquier

estudiante que usaba la palabra "Jesús" durante la ceremonia de graduación, sería detenido y llevado a la cárcel.

- El predicador Jesse Morrell enfrentó un juicio, con la sentencia probable de 18 meses de cárcel, por haber predicado el evangelio en la vereda de una calle pública al lado del campo del colegio.

> ¿Esto es tolerancia?, ¿o mas bien es una manera de detener el avance del evangelio de Jesucristo?

Es importante que entendamos que aunque la tolerancia se propaga en este mundo de una forma desafiante, los verdaderos hijos de Dios, oirán la voz del Padre celestial y su llamado Divino. La injusticia moral y las creencias espiritualistas, hacen que el hombre endurezca su corazón negando la enseñanza inspirada por Dios en la Biblia. En esta hora profética, Jesucristo prometió derramar de su Espíritu Santo como nunca antes para que la Iglesia se levante con poder y autoridad para dar la respuesta correcta a esta sociedad. La evangelización es el medio para contrarrestar la apostasía.

El propósito de Satanás y sus huestes de maldad, es detener el trabajo de evangelización y las misiones, juntamente con todo lo que tenga que ver, con el esfuerzo de enseñar con autoridad, la auténtica Palabra de Dios.

Que el hombre tenga un verdadero encuentro personal con Jesucristo. Que sea libre de sus ataduras físicas y emocionales. Alcanzar a todas las naciones con el mensaje de salvación. El mensaje contundente y claro de Jesucristo como el único camino, y el único mediador entre Dios y los hombres, está siendo cuestionado, rechazado, e incluso despreciado. Por tal razón es importante tener convicciones sólidas y seguras acerca de todo lo que Dios nos enseña por medio de su Palabra, para que ninguna de estas corrientes impetuosas de engaño, jamás detengan tu fe del propósito para el cual has sido llamado.

A pesar de tanto obstáculo, el crecimiento de la Iglesia en los últimos años es verdaderamente impactante, estamos siendo testigos de como el evangelio de Jesucristo está siendo predicado en el mundo entero. El libro más amado y leído en la ex Unión Soviética es la Biblia en estos momentos.

Los grandes esfuerzos dedicados a la evangelización, las obras misioneras y el trabajo a través de los medios de comunicación radial y televisivo, son los instrumentos que la Iglesia está usando para cumplir la gran comisión. No es hora de detenerse, sino de avanzar, realizando el mayor esfuerzo posible, antes que sea demasiado tarde y la puerta de salvación se cierre. Es necesario entender, hoy más que nunca, que necesitas estar cubierto e investido con el poder de Jesucristo y la unción fresca y renovadora del Espíritu Santo, para resistir a las legiones de espíritus engañadores que tratan de desafiar la enseñanza verdadera de la Palabra de Dios.

Recuerda que en este plan sagaz confabulado por las tinieblas, los demonios tienen permiso de oprimir legalmente a los hijos de Dios, siempre y cuando se abran puertas a la desobediencia. Por esta causa muchos están perdiendo el verdadero objetivo, que es andar en integridad y buen testimonio. Esta es la hora de conocer y andar en la verdadera santidad Dios.

¿Cuál es el Verdadero Peligro en Nuestros Días?

1. No presentar un mensaje claro y definido porque siempre tiende a traer confusión.
2. El aceptar todo y a todos, sin importar el trasfondo de donde vengan, y que continúen dentro de sus prácticas religiosas.
3. El no conocer las tramas, planes y enseñanzas de la Nueva Era.
4. Desconocer los cientos de símbolos que tienen que ver con la Nueva Era.
5. Las medicinas alternativas.
6. Las redes de engaños que hay detrás de los conceptos de "multinivel" y "piramidal."
7. Muchos de los libros que se leen, (aun bajo la apariencia de cristianos) entremezclan la enseñanza de regresión, motivación y positivismo.

3

¿Qué es la Nueva Era?

...pero vuestras iniquidades han hecho división entre vosotros y vuestro Dios,... Confían en vanidad, y hablan vanidades; conciben maldades, y dan a luz iniquidad. Incuban huevos de áspides, y tejen telas de arañas; el que comiere de sus huevos, morirá; y si los apretaren, saldrán víboras. Isaías 59:2-5

La Nueva Era se entiende como una red de personas y organizaciones muy diversas, que tienen ideas y principios de pensamientos en común. En esta gran red están involucrados diferentes tipos de asociaciones profesionales, organizaciones educativas, grupos que promueven la protección del medio ambiente, el desarme nuclear la paz mundial y más. Dentro de todo esto existe un gran incentivo para adoptar un nuevo estilo de vida con dietas saludables. Medicinas alternativas y holísticas, junto con prácticas esotéricas. Es evidente que muchas de estas organizaciones no se identifican abiertamente como "Nueva Era." Sin embargo con todo y eso forman parte de la plataforma global, unidos por las mismas ideas y por contactos con otros grupos de la red. Hoy existen líderes de influencia mundial que saben cómo dirigir esta red gigantesca. Ellos son según dicen, los "guías

Los pensamientos, enseñanzas, y doctrinas de la Nueva Era han invadido toda la sociedad moderna, preparando y acondicionando la humanidad contra Cristo, por medio del pensamiento humanístico y filosófico.

espirituales" que promueven dentro de la red entera.

Son muchos los que hoy proclaman que el pecado *no existe*, que no hay necesidad de arrepentimiento ni de apartarse de la inmoralidad. Que el hombre es dios y es el centro de todo; por tal razón no necesita cambiar de actitud. Que sólo se necesita entrar en el proceso del karma (la gran rueda) hasta llegar a la perfección. Este movimiento no se trata de una nueva corriente que se haya puesto de moda a los impulsos del instinto comercial, sino que detrás de todo esto se mueve la necesidad espiritual y existencial del hombre, (sea por las razones que sea) quizás estas, no han sido satisfechas por la enseñanza cristiana o lo han sido de manera insuficiente.

Aunque la Nueva Era es tolerante a casi todas las posiciones teológicas, está en contra de todos los que fomentan ser "cristianos fundamentalistas" estos son los llamados radicales.

¿Qué es Entonces la Nueva Era?

- No es una organización única, ni sigue lineamientos unánimes y universales.
- No es ni ciencia ni filosofía, aunque se encubre de argumentos seudocientíficos, y discursos confusos que combinan ideas filosóficas y teológicas con cierta originalidad.

- Pudiera decirse que es una corriente filosófica, sincretista, panteísta.

Una parte del escrito del REV. DALE A. ROBBINS dice así: El movimiento de la Nueva Era en el presente. Hoy en día, el movimiento de la Nueva Era parece ser un inocente grupo de organizaciones con objetivos ambiguos y sin liderazgo alguno. Pero adentrándonos un poco más profundo de lo que la superficie permite ver, es definitivamente una organización secreta con liderazgo y estrategia que guía el vasto movimiento. La parte principal, el cuerpo del movimiento, reside en una organización llamada "La iniciativa Planetaria para el Mundo que Hemos Escogido." Una de sus más celebradas demostraciones de unidad y relaciones públicas ocurrió en Agosto 16 y 17, de 1988.

Más de 80 millones de seguidores de la "Nueva Era" se unificaron a sí mismos por lo que fue llamado la asamblea masiva más grande de meditación en la historia. Poco comentado por las noticias y los medios, la "Convergencia Armónica," además conocida como la "Rendición Planetaria," ocurrió simultáneamente en casi cada nación y ciudades grandes. Organizado por 144000 chamanes, brujas, curanderos y un representante de las religiones que promueve la Nueva Era, siguieron a un periodo de meditación y acuerdo para desatar las "fuerzas espirituales" que harían realidad su deseo de que surja "un gobierno mundial y una religión mundial." Sólo dos años antes, en Diciembre 31 de 1986, una convención de 50 millones de seguidores, se unieron en meditación con el propósito de que "sean alteradas las maneras en que la humanidad comprende la realidad."

Actualmente sabemos que estas reuniones de meditación en realidad son actos de adoración y alabanza para el espíritu maligno. Sólo puedo imaginar la clase de demonios y espíritus malignos que fueron desatados sobre el mundo el día que los curanderos, chamanes, y místicos llamaron a los poderes de las tinieblas para que fuera distorsionada la PERCEPCIÓN DE LA VERDAD de toda la humanidad.

No es maravilla que el diablo y los demonios, haya intensificado su poderío sobre el mundo desde esta fecha ¡Piense en el poder de Dios que sería derramado sobre todos, si 80 millones de cristianos combinamos nuestra fe en una reunión unida de oración masiva!

La Nueva Era No es una Religión

Dicen no ser una secta, ni una religión ni una filosofía por eso es muy difícil de definir. Pero a la vez es una mezcla de diferentes teologías. Esta constituida por una red mundial de miles de organizaciones que cooperan con este resurgir. Todas están unidas por el común denominador de conocimientos esotéricos o de enseñanzas ocultas, con el objetivo de formar un "Nuevo Orden Mundial."

Seguidores de la misma han llegado a declarar que esto ocurrirá cuando se levante el gigante de la humanidad, que se convertirá en dios, (*el anticristo*) y entonces habrá un sólo idioma, sin odio, ni fronteras, todo el mundo será como una nación de hermanos, libres con igualdades.

Será la "edad dorada" de la humanidad, con un sólo sistema monetario, un gobierno mundial, una mente, sin guerras, ni crímenes, ni violencia, ni racismo, ni enfermedad. Los que conocen la Palabra saben esto sólo sucederá cuando Jesucristo regrese e instale el Reino milenial en la tierra y no antes.

El Fin de la Era del Acuario

Los "guías espirituales" de la Nueva Era anuncian el fin de las grandes religiones instituidas, y el nacimiento de una nueva religión. Dicha religión fue fundada, en un nuevo amanecer de las facultades paranormales en la evolución de la conciencia del hombre, a un grado superior, y en la armonía con el cosmos, con la naturaleza y con lo divino. Para lograr una nueva era de unidad, y de paz bajo el signo astrológico de Acuario. El Acuario, por otro lado, es sinónimo del dios romano Neptuno, el dios del mar, o sea un dios "de abajo."

Entonces se entiende que, es necesario el fin de la "era de piscis," que representa *"el fin de la era cristiana"* para que resurja, la era del Acuario. Este movimiento se presenta como un reto desafiante a la Iglesia de Jesucristo, por lo tanto es preciso discernir su estrategia y ubicarlo dentro de las corrientes de los tiempos actuales.

Se puede observar en esta ideología una colección de sistemas de pensamientos metafísicos orientales, una conglomeración de mezcladas filosóficas y religiosas. Es una ideología de "tolerancia universal" y de "relativismo moral." El mundo puede estar aceptando a la Nueva Era, porque han fracasado las visiones materialistas y racionalistas, y se impone ahora la primacía de lo espiritual. Se habla que ya pasó:

- La era de Tauro de las religiones mesopotámicas.
- La era de Aries del judaísmo.
- La era de Piscis del cristianismo dogmático para amanecer el nuevo ciclo.
- La Nueva Era de Acuario.

Esta declaración es una verdadera apostasía, impregnada en lo que es "el misterio de la iniquidad," porque no se presenta como una religión, pero trata de imponerse sutilmente sobre todas las religiones y sustituirlas, para levantar una sola "Religión Mundial" (ya las profecías de la Biblia lo han anticipado).

Las organizaciones agrupadas en la Nueva Era tienen algo en común entre ellas y es que profesan que Dios no existe, que es sólo una fuerza, o una energía, y que la humanidad es "dios."

De acuerdo a sus declaraciones, lo que necesita la humanidad para ordenarse es reconocer que ellos mismos son dios. La nueva Era es la unificación de todas las creencias ocultas desde Babel hasta hoy. En la Nueva Era se encuentra de todo un poco, menos la verdad. Según la Nueva Era, la "transformación" personal es la base de una "evolución global" que ocurrirá en un "salto cuántico gigante" cuan-do haya el suficiente número de transformados individualmente, llegando la "edad dorada de la Nueva Era de Acuario" ya descrita. Para unificar la "energía universal," y crear en un instante este "salto gigante" a la paz mundial y a la inmortalidad. El hombre es considerado separado de Dios no por el pecado sino por el casi nulo entendimiento y sabiduría sobre la verdadera naturaleza de Dios y de la realidad. Esta declaración se opone totalmente a lo que Dios ha revelado por medio de las Sagradas Escrituras, cuando por medio del profeta Isaías dice lo siguiente:

...pero vuestras iniquidades han hecho división entre vosotros y vuestro Dios, y vuestros pecados han hecho ocultar de vosotros su rostro para no oír. Isaías 59:2.

Espíritu Santo Vs. Yo del Hombre

En el movimiento de la Nueva Era, el hombre es el centro. Es visto como algo divino, como la esperanza de la paz y armonía futura. Una frase representativa de este movimiento podría ser: *"Soy afectado sólo por mis pensamientos."* Se necesita sólo de ellos para que la seguridad venga sobre todo el mundo.

En casi tres siglos dominados por diversas formas de racionalismo filosófico, la exaltación a las ciencias empíricas, y la difusión de la mentalidad positivista, han logrado relegar la fe y la teología al campo del sentimiento, o en el mejor de los casos, de la opinión personal. Lo real, lo objetivo, y científico, sería lo que se produce en laboratorio o lo que se puede medir con gráficas y estadísticas. Como consecuencia a todo lo anterior, a lo largo de las últimas décadas, el mundo entero se ha sacudido por una búsqueda de experiencia espiritual sin precedente. Se debe reconocer las causas de la proliferación de estas corrientes, como por ejemplo: la confusión doctrinal y moral de nuestra época, el desencanto cada vez mayor por las formas religiosas tradicionales sin vivencias del poder de Dios.

La propagación de los cultos naturalistas y mágicos, la popularidad de la espiritualidad oriental y el refugio en la religiosidad personalista, son parte de esta tendencia abrumadora que cautiva a miles de personas. El fruto más inmediato del nuevo despertar religioso ha sido la proliferación de lo que es el engaño, por medio del movimiento de la Nueva Era, el resurgimiento del gnosticismo y de las sociedades secretas. La Nueva Era usa la música, especialmente la de la naturaleza: vientos, olas, pájaros, sonido de los bosques, del mar y lluvia. La mayoría de las veces es para ensalzar a la "diosa Madre Tierra" o "Gaia."

¿Por Qué Hoy se Habla de un "Cambio de Paradigma?"

De acuerdo a las declaraciones de los dirigentes de la Nueva Era, estos sostienen que el mundo entero debe cambiar su manera de pensar y de actuar. Y es allí mismo donde proponen un *"cambio de paradigma,"* lo cual significa, **un cambio radical en la manera de ver e interpretar el mundo**; teniendo una cosmovisión nueva y diferente. De acuerdo a sus principios creen que el "paradigma antiguo" es culpable de los diferentes problemas que aquejan el mundo de hoy: como ser las guerras, la contaminación ambiental, las desigualdades sociales, la pobreza, las crisis políticas y financieras. Por lo cual afirman, que si el mundo acepta el "nuevo paradigma," los diferentes males que lo abaten se solucionarían. A manera de resumen, establecemos una lista de los diferentes "paradigmas antiguos" versus a los paradigmas nuevos que ellos sostienen. Aparentemente estos paradigmas nuevos suenan muy atractivos para cualquier ser humano que desconoce el trasfondo de los mismos. Aunque en realidad tiene que ver con una nueva y sutil seudo - religión, que es hostil contra el genuino y verdadero cristianismo.

Paradigma antiguo Vs. paradigma nuevo.

- **Racionalismo; datos y hechos,** cambiarlo por, Emoción, intuición e imaginación.
- **El Desarrollo técnico sin límites,** por La protección ambiental y desarrollo sostenible.
- **EL Materialismo** por Panteísmo; "la tierra como un ser divino."
- **Divisiones**, por integración.
- **Masculinidad,** por Feminidad (teoría gnóstica).
- **Individualidad**, por la "familia humana" (G-8 globalización mundial) y solidaridad.
- **Independencia**, por la Globalización.
- **Judaísmo, y Cristianismo,** por inter-dependencia y nueva espiritualidad.
- Nueva tolerancia; Relativismo. Distinción entre Bueno y Malo.

El "Pensamiento Positivo"

La Nueva Era propaga métodos que pueden influenciar "la realidad" por medio del pensamiento positivo. Estableciendo énfasis bien demarcadas en lo que han determinado llamarlo:

- Nuevas técnicas de "control mental."
- "Visualización guiada."
- "Imaginación creativa."

Todas estas metodologías realzan la importancia,

mientras el ser humano piense cosas positivas, sólo le ocurrirán cosas positivas, pero cuando determine pensar cosas negativas, le acontecerán cosas negativas. Todo esto intenta en realidad, promover la *hechicería*, con el objetivo de manipular la verdad por medio de la imaginación, e influenciar la mente y darle poder a dominar la situación. Este concepto va contrario a la verdadera fe Bíblica que enseña a depender de las promesas de Dios y confiar en su fidelidad. Sabiendo que si le pedimos según su voluntad, El ciertamente hará todo lo que prometió en su Palabra.

El hecho no es hablar positivo en sí, sino declarar la palabra para cada situación. La palabra sale de la boca de Dios y ella tiene poder para cambiar las circunstancias. Lo que no hay que usar, es el poder mental hacia un objetivo sea espiritual o físico. Muchos quiere lograr con las "palabras positivas" inventadas que salen del corazón, desvirtuar la voluntad de los demás. Eso es "brujería" porque Dios ha dado a cada ser humano el derecho de actuar conforme a su propia voluntad. Toda palabra positiva, sólo tiene respuesta cuando se esta dispuesto a renovar la mente en el conocimiento de la Palabra de Dios y afirmarse en todo aquello que El mismo ha declarado por medio de la misma.

...Y esta es la confianza que tenemos en él, que si pedimos alguna cosa conforme a su voluntad, *él nos oye. 1 Juan 5:14.*

El espíritu de la maldad sabe que profiriendo palabras contrarias a la Palabra de Dios puede influenciar temor, a veces ira, e inspira confusión a la mente de los oyentes. Por eso muchos de los que creen hablar positivo o para conseguir buenas cosas como buen trabajo, dinero, fortuna, y otros, creen en estas enseñanzas salidas del ocultismo, que sin darse cuenta sus palabras son sonidos que se alinean con los dichos del enemigo.

Leamos lo que les enseñan repetir los que practican la NE, llamado **El decálogo de la Nueva Era:**

- ❖ Esperarás con impaciencia la Era de Acuario.
- ❖ Creerás firmemente en la gran mutación.
- ❖ Despertarás atentamente tú conciencia.
- ❖ Te ocuparás activamente de tu cuerpo.
- ❖ Seguirás a los Gurús (espíritus guías) con respeto.
- ❖ Creerás fielmente en lo irracional.
- ❖ Honrarás religiosamente a la diosa Tierra.
- ❖ Rechazarás enérgicamente las religiones tradicionales.
- ❖ Hablarás con naturalidad a los espíritus.
- ❖ Te reirás serenamente de la muerte.

Recuerda que detrás de todos estos movimientos siempre hay una activación continua de todo lo que tenga que ver con los espíritus engañadores.

4

Las Organizaciones que Promueven la NE
Primera Parte

..y su necio corazón fue entenebrecido. Profesando ser sabios, se hicieron necios, y cambiaron la gloria del Dios incorruptible en semejanza de imagen de hombre corruptible, de aves,... y de reptiles. Romanos 1:21-23

Es común que se hable de la Nueva Era como un movimiento para señalar su naturaleza de red de muchos individuos y grupos que coinciden en una determinada visión del mundo y una aspiración común de cambiarlo. Lo que les une, no es una estructura organizativa, ni un código de doctrinas bien definidas, sino una misma mentalidad y una comunicación muy fluida. En este sentido podemos hablar de ciertas creencias básicas compartidas en mayor o menor medida por los integrantes de la Nueva Era.

También hoy se mueven organizaciones internacionales que promueven La Nueva Era, tales como:

◊ **La Nueva Acrópolis:** Fundada en Argentina en 1957 por Jorge Ángel Livraga. Es un grupo ocultista y gnóstico inspirado principalmente en los escritos de Blavatsky, y una mezcla de los conceptos de pensadores antiguos. Sus miembros buscan un estado espiritual superior a través de ceremonias de iniciación sugestivas, y la utilización de muchos símbolos y ritos. Proclaman tres principios básicos, heredados de los objetivos de la Sociedad Teosófica:

1) Reunir a los hombres y mujeres de todas las creencias, razas y condiciones sociales en torno a un

ideal de Fraternidad Universal.

2) Despertar una visión global mediante el estudio comparado de las Filosofías, las Ciencias, las Religiones y las Artes.

3) Desarrollar las capacidades del individuo para que pueda integrarse en la Naturaleza y vivir según las características de su propia personalidad

◊ **Teosofía y Neo-teosofía:** Tras la muerte de Helena Blavatsky el movimiento teosófico se fractura y surgen varios grupos. La Escuela Arcana de Alice Bailey puede ser considerada el más inmediato antepasado del fenómeno de la Nueva Era y la supuesta canalización de entidades que enseñan las doctrinas del nuevo tiempo. Del tronco teosófico también surgen otras escuelas como Nueva Acrópolis y la Asociación Hastinapura. Rosacruz de Max Heindel, la Fraternidad Rosacruz Antigua de Arnold Krumm-Heller y AMORC, sigla de la "Antigua y Mística Orden Rosae Crucis" de Harvey Spencer Lewis.

◊ **Control Mental Silva:** Fundado en Laredo, Texas en 1966 por José Silva (n.1914), consiste en cursos breves de técnicas de control interno y concentración por las que se busca controlar las ondas mentales hasta alcanzar la Sobre-Conciencia, o el dominio total de sus estados mentales.

El método contiene elementos de espiritismo y

sutilmente lleva a sus practicantes al panteísmo. Maneja muchos conceptos fundamentales de la Nueva Era y centra la esperanza de salvación en los poderes mentales del hombre. A pesar del hecho de que muchos de los maestros del método hablan un lenguaje "cristiano" y aseguran a sus clientes que el método les ayudará en su vida espiritual hay elementos substanciales del programa incompatibles con la enseñanza de la Biblia.

Este método es "seudo-ciencia" o "ciencia ficticia," porque el mismo pretende basarse en las ondas cerebrales registradas en los electroencefalogramas.

Todo el método está basado en el hipnotismo, autosugestión, y espiritismo, procurando en la cuarta semana un "laboratorio mental imaginario," donde se invitan a los espíritus a que vengan en ayuda, quienes son identificados como "consejeros," que van a dar la solución a todos los problemas de enfermedad, financieros, de trabajo, del matrimonio, y de felicidad, con el fin de mejorar la inteligencia y la memoria. Sus anuncios son muy sugestivos, y las primeras sesiones se hacen interesantes, con las explicaciones seudocientíficas de las "ondas cerebrales," dando sugerencias y prácticas de auto-sugestión e hipnotismo, además de añadirle un carácter positivo y cristiano. Así, millones de personas han pagado por el curso de cuarenta horas en varias semanas, después hay "cursos avanzados" para introducirse más de lleno en las prácticas del ocultismo.

◊ **La Meditación Trascendental:** Fundada en 1958 por Maharishi Mahesh Yogi en India. Pero no se popularizó hasta 1967, gracias a la publicidad ofrecida por los Beatles y otros artistas famosos de la contra-cultura de los años "60." En su doctrina, que nace del hinduismo, se busca la iluminación de la conciencia por la reflexión personal mediante la repetición de mantras (palabras sagradas) y ritos religiosos. Implícito en la enseñanza de la Meditación Trascendental está el rechazo de doctrinas esenciales al cristianismo (un Dios personal, la Encarnación, la Resurrección), la veneración del Maharishi y del Gurú Dev como santos y mensajeros divinos.

◊ **La Gran Fraternidad Universal:** Fundada en 1948 en Caracas, Venezuela, por el francés Serge Reynald de la Ferrière (1916-1962), quien era muy activo con grupos de teosofía, astrología y la masonería. Su doctrina se basa en prácticas astrológicas, esotéricas, y ocultistas, y afirma que todas las religiones son iguales, aunque favorece creencias y prácticas hindúes. Presenta un sincretismo religioso que apela a una ciencia superior que, según ellos, es la verdadera base de toda religión.

◊ **La Iglesia de Cienciología / Dianética:** Fundada por L. Ron Hubbard (1911-1986), novelista de ciencia-ficción que en 1950 publicó Dianética: la ciencia moderna de la salud mental, un manual de auto conocimiento y desarrollo de potencialidad humana basada en el análisis de experiencias previas al nacimiento. Las asociaciones de médicos más prestigiosas de los Estados Unidos han condenado repetidamente las teorías y las terapias de la Dianética como totalmente carentes de bases científicas y causantes de daños a la salud mental. Su teoría es que todos los males humanos son causados por *"engramas"* o cargas negativas que se graban en el inconsciente del hombre, y provocan estragos continuos. Para librarse hace falta una *"audición"* de parte de un experto que recomendará una serie de cursos que supuestamente llevará al cliente a un estado de claridad o libre de *"engramas."* La cienciología cree que sólo las personas exitosas pueden recibir los cursos necesarios, puesto que sólo aquellos con el dinero suficiente pueden acceder a los cursos. Las personas "no exitosas" que necesitan hacer cursos pero no tienen el dinero, se les invita a formar parte del personal de la organización, donde se les dan cursos gratis a cambio de trabajo y la firma de un contrato indicando que si desean retirarse de la organización, deberán pagar el valor de los cursos que siguieron de forma gratuita.

Sostienen que Xenu era el dictador de la confederación Galáctica que hace setenta y cinco millones de anos trajo miles de millones de personas a la tierra en naves espaciales. Los desembarcó alrededor de volcanes y los aniquiló con bombas de hidrógeno. Sus almas se juntaron en grupos y se pegaron a los cuerpos de los vivos y aún están sobre la tierra creando caos y estragos. La cienciología ha tratado inútilmente de mantener la historia de Xenu, confidencial y sólo se les revela a los que han pagado el alto precio exigido para alcanzar el nivel OT III (niveles que son de voto secreto). Sólo enseña esta doctrina a los miembros que han contribuido con grandes sumas de dinero para la organización. Según la organización Xenu es un extraterrestre, padre de la humanidad). Creen en los tres componentes básicos interrelacionados en forma de triangulo ARC: - afinidad – realidad – comunicación- La reencarnación y las experiencias extra-corporales forman parte de la doctrina de esta práctica. También se usa las ventas de alto nivel entre empresarios. Actualmente sufren de controversias en muchos países, uno de los puntos críticos son: Cienciólogos de alto rango se han filtrado en unidades de inteligencia y en la hacienda pública de los Estados Unidos. Tienen denuncias de lavado de cerebro y control mental.- Políticas de desconexión del mundo. - Muertes misteriosas dentro de la organización. - Acusaciones de fraudes, y estafas.

◊ **Ecologismo:** La ecología apoya la idea de la Nueva Era de que "todo es interdependiente" que todo es parte de una red inmensa entretejida. Promoviendo la adaptación del Cosmo, en otras palabra colocando mas prioridad a la creación en sí, que al mismo Creador, (por lo tanto ya no es necesario adorarlo), sino mas bien, venerar a la **madre naturaleza.** La Nueva Era propaga activamente la protección del medio ambiente. Uno de los motivos no es tanto la preocupación por la naturaleza, sino que detrás de sostener este tipo de práctica ancestral, existe una motivación religiosa. Ellos consideran que la tierra es un ser vivo y a la vez divino, para ello adoptaron llamarla **Gaia**. Esta es una palabra en griego para describir a la tierra, lo cual significa que proteger el medio ambiente es cuidar y dar un servicio a la diosa Gaia y a todos los espíritus de la naturaleza. ¿Sabías que hoy en día se mueven ciertas comunidades influenciadas por el esoterismo en la que creen que antes de cortar una lechuga del jardín tienen que pedir permiso al espíritu de la lechuga?

◊ **Adoración a la "Madre Tierra":** *"La nueva espiritualidad."* La Nueva Era promueve un regreso al "mundo espiritual." Muchos piensan que se podría llegar a la conclusión que todo esto favorece en cierta manera al cristianismo. Cuando en realidad es todo lo contrario, ya que la Nueva Era relaciona al cristianismo con lo que tiene que ver con el *"paradigma antiguo."* Sólo buscan la espiritualidad con base a todas las religiones paganas y orientales, como: el hinduismo, el budismo y el confusionismo e incluso utilizan ciertos términos cristianos siempre y cuando no contradigan las prácticas paganas. Es de notar que la religión Andina tiene muchos elementos atractivos para la Nueva Era, que es lo que hoy más que nunca se está propagando.

Consideran la tierra como divina (Pachamama), y

tiene conocimientos secretos (esotéricos) que son transmitidos por medio de personas especialmente "iniciados" (sacerdotes, chamanes).

El Cusco ubicado en Perú, el cual se conoce como la capital incaica, es uno de los centros mundiales de la Nueva Era. Se estima que más de un millón de turistas que visitan el Cusco cada año, entre el sesenta y el setenta porciento, practican el "turismo esotérico"; es decir, buscan los poderes sobrenaturales en los ritos y supersticiones de los incas. Sin entender todos los espíritus demoníacos que se mueven detrás de todo, esto produciendo más iniquidad y ataduras en los pueblos.

◊ **Pachamama:** Palabra en quechua: que significa, "Madre Tierra" es el nombre que recibe la tierra Para los Quichuas, Madre tierra, deidad máxima de los que habitan en los cerros, peruanos, bolivianos, y del noroeste argentino. "Pacha" es universo, mundo, tiempo, lugar, mientras que Mama es madre. La Pacha Mama, es un dios femenino; que produce; que engendra. Su morada está en el Carro Blanco (Nevado de Cachi), y se cuenta que en la cumbre hay un lago que rodea a una isla. Esta isla es habitada por un toro de astas doradas que al bramar emite por la boca nubes de tormenta. El mito de la Pacha Mama debió referirse primitivamente al tiempo, tal vez vinculado en alguna forma con la tierra: el tiempo que cura los dolores, el tiempo que distribuye las estaciones, fecunda la tierra. Pacha significa tiempo en lenguaje kolla, pero con el transcurso de los años, las adulteraciones de la lengua, y el predominio de otras razas, finalizó confundiéndose con la tierra. El primero de agosto es el día de la Pachamama. Ese día se hacen ritos en su honor y se entretejen cordones que se atan en los tobillos, las muñecas y el cuello, para evitar el castigo de la Pachamama (analice que hoy en día está de moda usar brazaletes tejidos en las manos y cadenas a los pies). Es concebida como persona, por los pueblos indígenas de los Andes. Los incas y los tiwanaku realizaban ofrendas en su honor, sacrificando auquénidos (guanacos o llamas o vicuñas) para derramar su sangre. Entre otros objetos se ofrecían hojas de Coca, conchas marinas y sobre todo, el feto de la llama, según una creencia para fertilizar la tierra sin que faltara jamás la cosecha.

Con la llegada de los españoles, la imposición del cristianismo y la influencia del mestizaje, la Pachamama (Madre tierra) comenzó a representarse con la imagen de **la Virgen María**. Actualmente se mantiene y conserva la tradición de la ofrenda, practicada principalmente por las comunidades quechuas y aimaras, a través de una ofrenda llamada Challa o Pago.

◊ **Gea** o **Gaya** (en griego /Gaĩa/): "Suelo" o "tierra" es una diosa griega que personifica la fertilidad de la tierra. Muchos neopaganos modernos, particularmente las sectas neopaganas estadounidenses, adoran activamente a Gea. Las creencias sobre ella varían desde que Gea era la Diosa de la Tierra, hasta la más amplia creencia neopagana de que es la diosa de toda la creación, una "Madre Tierra" de la que surgieron todos los demás dioses.

A veces se cree que personifica los planetas y la tierra, o incluso todo el universo. Su adoración es muy variada, desde la postración hasta el ritual druídico. Algunos de sus adoradores intentan acercarse a la Madre Tierra volviéndose indiferentes hacia las posesiones materiales y más en sintonía con la naturaleza. Otros reconocen a Gea como una gran diosa y practican rituales normalmente asociados con otras formas de adoración. Muchas sectas adoran a Gea más incluso que a la Diana de Éfeso (Artemisa). Algunas formas comunes de adoración incluyen la postración (intentando alcanzar una mayor conexión con la tierra), prácticas chamanísticas, alabanzas y oraciones, la creación de inspiradas obras de arte a ella dedicadas, quema de aceites e incienso, el cultivo de plantas y jardines, la creación y mantenimiento de "arboledas sagradas," y la quema de pan y derramamiento de bebida como ofrenda.

◊ **Cibeles (mitología):** Originalmente era la diosa de la **Madre Tierra** que fue adorada desde el periodo neolítico, como la **Gea**. Cibeles era la personificación de la fértil tierra, una diosa de las cavernas y las montañas, murallas y fortalezas, de la naturaleza y los animales (especialmente leones y abejas). Su equivalente romana era "Magna Mater," **la Gran**

Madre (analice que de Roma surge la "Reina del cielo" o Madre de Dios). Esta era una deidad de vida, muerte y resurrección. Su consorte, cuyo culto fue introducido más tarde, era su hijo Atis. Fue progenitora de los dioses olímpicos y se la representa con una corona con forma de muralla sentada sobre un carruaje y siempre acompañada de leones.

◊ **El feminismo:** Es la búsqueda de una piedad matriarcal, haciendo referencia a la madre naturaleza, la diosa madre y la madre tierra. Surge un rechazo del machismo del Dios de la Biblia. Por eso su insistencia en la feminidad de Dios. A Dios se le reemplaza por una divinidad masculino-femenino. Se rechaza el orden establecido al matrimonio y a las relaciones entre los sexos. Se pide el regreso al culto a la "Gaia," la "Madre Tierra" y por lo tanto, se regresa a las antiguas diosas Iris, Asterte, Hera y otros.

El feminismo encaja estupendamente dentro de este movimiento de la Nueva Era; pues la pasada era de "Piscis" fue masculina, patriarcal. El patriarcado o dominio de los hombres, (según dice él o la feminista), "es el origen de toda miseria." La nueva época acentúa los suaves valores femeninos. Una bruja alemana -Gisela Graichen- hace ver la relación entre feminismo y Nueva Era (NE), de la forma siguiente: "Junto con los adeptos a la Nueva Era, en Alemania se encuentran recíprocamente en el culto de brujas, el movimiento de mujeres, el nuevo paganismo y los movimientos ecológicos. Todos estos movimientos tienen el mismo fundamento; se apoyan mutuamente, y por eso ganan mucho poder."

En diciembre del año 2000 centenares de feministas se reunieron en la playa Tambor, Costa Rica, para el IX Encuentro Feminista Latinoamericano y del Caribe, dejando atónitos a periodistas y observadores cuando decidieron abrir y cerrar su evento con cultos, danza y ofrendas a "diosas" paganas. Según la prensa el encuentro reunió a mujeres de diferentes edades, prácticas políticas, brujas, heterosexuales, bisexuales, lesbianas, negras e indígenas. "Nos inspiramos en las raíces del feminismo radical contemporáneo: esto se plasma en el tema que nos convoca" dijo Marcela Pager a nombre del Comité Organizador. El evento se inauguró con liturgia pagana" a la luz de las antorchas de fuego y velas, invocando a diosas ancestrales," en la que más de 800 mujeres, "conducidas por los chamanes de la Cuenca Holística, se entregaron a la noche." "Con maracas incienso, el ritual de inauguración incluyo a las mujeres de raza negra, aztecas, mayas, incas, caribeñas, entre otras, ubicadas en los cuatro puntos cardinales y haciendo referencia a los cuatro elementos: Tierra, agua, aire, fuego." Este Encuentro dispuso de un espacio particular llamado "Cueva de la salud Holística y la Espiritualidad," que según los organizadores sirvió para "meditar, hacer yoga, ofrecer distintos tipos de terapia corporal, bioenergética, hipnótica y disponer de distintas posibilidades de consulta oracular." Esta información fue tomada de la noticia: Feministas inauguran y cierran cumbre con cultos a "diosas" paganas, Aciprensa, San José, Costa Rica.

Todo esto nos da evidencia que lo que se propone este "movimiento" es "el reconocimiento político de la libre opción sexual; la inserción de los derechos de las mujeres como los derechos humanos; las teorías sobre el ejercicio de poder; la lucha por la aceptación? del lesbianismo en la agenda feminista," estas han sido algunas de las preocupaciones por la cual este movimiento ha conseguido importantes logros.

◊ **Hinduismo:** Es una religión de la India. Su número de fieles, dentro y fuera de ese país, abarca a más de 1.000 millones de personas. Es una religión basada en mitos, protagonizados por muchos dioses. Se dice que el hinduismo es la religión más antigua del mundo, pero sus raíces se encuentran en el *animismo*. Sería, entonces, más exacto decir que es la más antigua religión con nombre. Si habláramos de orígenes no tiene fundador; es más bien la combinación de las creencias de los pueblos de tales regiones junto con las que trajeron *los arios* que se establecieron en el valle del Indo.

◊ El **animismo:** Del latín /*ánimus*/ (en 'mente o alma') es la creencia en que seres personalizados sobrenaturales (o espíritus) habitan en objetos animados e inanimados. El animismo originalmente significaría la creencia en seres espirituales, incluidas las almas humanas. En la práctica la definición se extiende a que seres sobrenaturales personificados (dotados de razón, inteligencia y voluntad) habitan los objetos inanimados y gobiernan su existencia. Esto se puede expresar simplemente como que "todo está vivo," "todo es consciente" o "todo tiene un alma." Los neopaganos a veces describen como animista su sistema de creencias. Un ejemplo de esta idea es que la Diosa madre consiste en todo lo que es material. En la actualidad, el hinduismo se forma como se conoce a partir del siglo tercero A.C., combinando doctrinas brahmánicas con creencias dravídicas y budistas. Para otros, tiene mucha importancia Krishna. Los hindúes suelen tener dioses favoritos entre las divinidades que forman parte de "Brama." La doctrina del hinduismo está recogida en cuatro libros, llamadas *los Vedas*. Entre los miles de dioses se destacan tres dioses: Brahma (creador del mundo), Vishnú (conservador) y Shiva (destructor). En el hinduismo, las divinidades tienen parte masculina y femenina. La parte femenina, especialmente bajo su forma demoníaca. Hay muchos elementos sagrados para el hinduismo. El río Ganges, en la India, es sagrado, y especialmente en su paso por Benarés es un lugar de peregrinación y se utiliza para baños de purificación. Las cenizas de los muertos también son arrojados a este río. Hay animales sagrados, como la vaca, la serpiente o el caballo. En general, los hindúes respetan a los animales, y algunas sectas hindúes tienen prohibido matar cualquier animal. Por este motivo, muchos hindúes son vegetarianos.

◊ **La reencarnación:** La Nueva Era defiende que el alma se reencarnará sucesivamente en cuerpos mortales para alcanzar la realización total de sí misma. La reencarnación es progresiva y lleva a la persona hacia formas síquicas superiores. La forma de la reencarnación depende de la vida anterior y esta ley automática (el karma) actúa hasta que la persona se haya perfeccionado lo suficiente como para alcanzar el "Nirvana," estado en que el "yo" deja de existir. Lo cual es contrario a la escatología cristiana que habla de resurrección, que enseña que la salvación es un don de Dios, y se realiza en una sola existencia. El planteamiento de la reencarnación es una consecuencia del supuesto panteísmo y le quita a la muerte su carácter definitivo. Por otra parte, filosóficamente toda persona es intransmisible. En la reencarnación la persona está radical-mente dividida. El principio espiritual (el alma) resulta ser un prisionero del cuerpo. El cuerpo se excluye de la identidad de la persona. Un segundo error es creer que el ser humano puede alcanzar el estado perfecto en esta vida. Los hindúes creen en la reencarnación de las almas. Según esta creencia, cuando una persona muere, su alma vuelve a nacer en otro cuerpo. Éste no tiene por qué ser humano: si tiene un *karma* (actos y efectos de las vidas en el presente y las pasadas) negativo, podrá volver en el cuerpo de un animal. También es común que la nueva vida sirva para reparar los errores de las anteriores. El objetivo de los hindúes es reunirse con Brahma. Para ello, deberán poner fin al ciclo *kármico*, recorriendo diferentes caminos hasta alcanzar la perfección. La reencarnación no se produce únicamente en los mortales: los dioses también se ven sujetos a ella, y de algunos de ellos, como **Vishnú**, se conocen un enorme número.

◊ **Panteísmo:** De las palabras griegas "pan" todo, y "Theos" dios. Todo es dios. El Panteísmo es un sistema de los que creen que Dios es el Universo. Según, los llamados politeísmos antiguos, son los que mostraban la existencia de muchos dioses. En realidad eran formas de monoteísmo panteísta en que no se establecía una diferencia esencial entre lo creado y el creador Además de esto el panteísmo nace de la creencia de que todo es dios. "El panteísmo cósmico" es una rama del panteísmo, es el que relaciona a lo divino con el universo. Por lo tanto dios y el universo son lo mismo y el universo es divino. Nuestra tierra se creó del universo, dios es el universo, la naturaleza y todos los seres vivos del planeta serán absorbidos por el universo. La Nueva Era expresa una concepción innovadora del mundo (del cosmos, concepción más extensa) con los siguientes adjetivos: holística (la realidad de las cosas se encuentra en el Todo), ecológica (la diosa Gaia es la Madre Tierra, que debe ser adorada), andrógina (el mundo es una unión de lo masculino y lo femenino), mística (lo divino pertenece a un Todo), mundial (conciencia colectiva).

◊ **Yoga:** Son ejercicios mentales y de relajamiento corporal que logra hacer entrar a la persona a la meditación. Según algunos, el yoga es el arte de estudiar el comportamiento de la mente. Pero otros opinan lo contrario. No se trata de un esfuerzo intelectual sino de una experiencia mística, que entre otras cosas ayuda a serenar los incesantes movimientos de la mente, conduciendo a un imperturbable estado de silencio mental.

Los vaisnavas se burlan de este concepto, y dicen que no se puede silenciar a la mente, pero se la puede utilizar en actividades espirituales, que al mismo tiempo satisfarían la ansiedad de la mente y la purificarían de los deseos materiales. El objetivo es poner la mente en blanco, y eso es bien peligroso porque se le da la oportunidad a espíritus (energías negativas) entrar y posesionar la mente.

◇ **Yoga Kundalini:** En la filosofía del Yoga, Budismo Taoísmo y la Ciencia Hermética "La Kundalini" es una energía invisible e inmedible, representada por una serpiente que duerme enroscada en la base de la columna. (La llamada energía es más que un poder, es un espíritu del mal manifestándose en el cuerpo de los que participan en esta práctica). Esta energía (según ellos) *"subiría por la columna vertebral, y alimentaría el celebro modulando su actividad,"* en otras palabras *"condicionaría el estado de consciencia"* (la persona pierde el control de la mente). Según las religiones orientales cuando un ser humano llegara al máximo desarrollo y activación de esta energía, conseguiría la "Iluminación." El **Tantra** y el **Kundalini** Yoga son consideradas técnicas muy controvertidas, calificadas por muchos (de sus maestros) muy peligrosas, advierten sobre el peligro que acarrea un despertar prematuro de la serpiente. Personas que practican el Kundalini han expresado el despertar de la serpiente en su columna sintiendo escalofríos y punzadas hasta llegar al celebro perdiendo totalmente el sentido. Cabe destacar que la serpiente ha sido venerada en muchas culturas como un animal sagrado, como en el antiguo imperio Egipcio, la serpiente que llevaban los Faraones en sus coronas representaba su divinidad y alta iniciación. También en las civilizaciones Aztecas y Mayas se veneraba la serpiente emplumada. La Palabra de Dios escribe sobre la "serpiente voladora" y la antigua serpiente como Satanás mismo.

◊ **Gnosticismo:** Doctrina filosófica y religiosa de los primeros siglos de la Iglesia, mezcla de la cristiana con creencias judaicas y orientales, que se dividió en varias sectas y pretendía tener el conocimiento intuitivo y misterioso de las cosas. El gnosticismo es un complejo sistema sincretista de creencias provenientes de Grecia, Persia, Egipto, Siria, Asia Menor y más. Es de notar la influencia platónica. Por su complejidad, la cantidad de sectas gnósticas y la diversidad de sus creencias, es muy difícil de entender o de sintetizar. Se les llama "gnósticos" por la "gnosis" (conocimiento), ya que afirmaban tener conocimientos secretos obtenidos de la luz o del conocimiento, que no fueron revelados sino a un grupo elite. Estos eran los iluminados (gnósticos) capaces de entender esas cosas. Enseñaban conocimientos secretos de lo espiritual. Muchos grupos gnósticos se tenían por cristianos, por lo que causaban una enorme confusión. Es por eso que la Iglesia tuvo que confrontar los errores del gnosticismo y diferenciarlos del cristianismo auténtico. Desde sus orígenes, las creencias gnósticas fueron rechazadas por los cristianos por ser una peligrosa falsificación del Evangelio. Los "evangelios" gnósticos más tarde se llamaron "evangelios apócrifos." Entre ellos: el "Proto-evangelio, de Santiago," "Evangelio de primera infancia, de Tomás," que contiene las supuestas milagros de Jesús en su infancia. Estos textos tienen algunos relatos semejantes a los cristianos pero suelen contener *fantasías* que no concuerdan con la fe cristiana. Tienen poca o ninguna narrativa sobre la vida de Jesús. No fueron aceptados por la Iglesia como parte de las Sagradas Escrituras.

◊ **Budismo:** El Budismo es el nombre que se le da a las enseñanzas de "un buda." Buda es la palabra sánscrita que quiere decir "El Iluminado," *un ser humano* que ha despertado a la verdad de la vida y del universo (véase Gnosticismo). Comenzó con un hombre, que, a través de sus propios esfuerzos, descubrió la realidad fundamental dentro de sí mismo y enseñó que cualquiera podría hacer lo mismo. En este sentido el Budismo no solamente se refiere a la enseñanza de un Buda, sino a la enseñanza que permite a las personas convertirse en Budas. Históricamente, el Budismo comenzó en el norte de la India con un hombre llamado Sakyamuni o Sidarta Gautama. Sakyamuni nació como príncipe heredero de un pequeño reino, renunció a su derecho de ocupar el trono y asumió una vida religiosa en busca de una respuesta a este dilema sobre la condición humana. Entre todas las enseñanzas de Sakyamuni, los que practican el Mahayana han venerado en particular, al Sutra del Loto, que sostiene que todas las personas tienen la naturaleza de Buda y pueden convertirse en Budas tal cual son. El "Sutra del Loto" decíase que abarcaba a todas las verdades dentro de sí, al igual que un rayo de luz blanca que contiene todos los colores del arco iris.

⋄ **Holísmo.** El Holismo, viene del griego /olikós/ y significa, universal o totalidad, La Nueva Era, es una cultura de unidad y totalidad. Se trata de una visión "científica" de la realidad, basada en el paradigma holístico y en la evolución, en el modelo holístico de la física moderna, que identifican la materia con ondas de energía.

⋄ **El Channeling (comunicación con espíritus de los antepasados indios):** Es el contacto con el espiritismo clásico; pero, sin depender de manifestaciones físicas como golpes, movimientos de objetos, materializaciones; sino poniéndose en contacto con seres de otra dimensión, espíritus colectivos extraterrestres, ángeles, maestros tibetanos, maestros superiores, guías indios. Este *channeling* se logra a través de la guija, la bola de cristal o médium. Así como los fundamentalistas pretenden dominar los medios de comunicación, los que son de la Nueva Era, han monopolizado el mercado de los "nuevos canales" o médium; individuos que dicen que permiten que sus cuerpos y su voz sean utilizados como vehículos para maestros y mensajes del *"más allá."* Es muy usado también *el channeling* en el cual con ayuda de un médium una persona hace una "regresión" hasta su infancia y borra toda enseñanza moral y religiosa de su mente para así poder liberarse totalmente de los "yugos" que no le permiten realizarse en plenitud. Dios prohíbe la comunicación por *el channeling* por dos razones:

1. Elimina la confianza en Dios, sustituyéndola por una fuerza extraña, la información sobrenatural.
2. Los actos ocultos abren la posibilidad a la posesión demoníaca.

◊ **Chamanismo:** El chamanismo es la religión de la naturaleza y de los espíritus siendo una de las religiones más extensas en el mundo. Esta clase de religión es practicada por gentes indígenas a través de toda la tierra, y sus creencias y sus técnicas son las mismas dondequiera que esta religión se encuentra. Esto se debe a que el chamanismo es una práctica que proviene del mundo espiritista donde los mismos espíritus no están restringidos por los distantes locales geográficos. El término 'chaman' proviene de la gente "Tungos" de la Siberia y este término es preferido por antropólogos en vez de "brujo," "hechicero," o "mago."

De acuerdo a lo que dice Michael Harner, el cual es una autoridad en la materia y también es un un chaman y antropólogo: "Un chaman entra en un estado alterado de conocimiento por voluntad propia para adquirir conocimiento espiritual, poder y para ayudar a otras personas. El chaman tiene por lo menos un 'espíritu,' y por lo general es más de uno, que está a su servicio personal. Para hacer su trabajo, el chaman depende de su poder personal y especial que es por lo general suplido por su guardián y los espíritus que lo acompaña."

La película 'Avatar' es una plataforma especial para predicar el chamanismo. El tema de la película no es nada del otro mundo y ni tampoco es complicado. **Una luna distante llamada Pandora** es colonizada por una corporación que está minando un metal que es de gran valor para la tierra, la cual ha sido devastada por la explotación de sus recursos naturales.

En el chamanismo tradicional, el árbol es un medio de comunicación universal que gentes de estas culturas mantienen con chamas que han muerto, con los antepasados y con los mismos espíritus.

¿En qué consiste entonces el chamanismo? consiste en el conocimiento del misterio, en función de las energías de la naturaleza; tierra, fuego, aire, agua (véase cruz esvástica).

El chaman usan la forma de curación a través de hierbas, pero especialmente entrando en el cuerpo del afectado y poseyéndose ellos mismos de la enfermedad (espíritu) para luego expulsarlo de sus propios cuerpos. (trabajo que realizan los hechiceros en Puerto Rico)

◊ **Terapias psicológicas/Regresión:** Se denomina regresión, a un procedimiento por la cual la hipnosis u otros métodos alteran el estado de la consciencia.

◊ **Sincretismo:** Es un sistema filosófico o religioso que pretende conciliar varias doctrinas. La Nueva Era dice que no importa lo que se crea, sólo basta con estar a gusto. Para ella todas las religiones son iguales; son lo mismo: Cristo, el Mesías, Krisna, Buda, Lao-Tse existe una mezcla de ecología, neo-paganismo, danza africana, artes marciales, religiosidad maya, y más. Este sincretismo permite tomar lo que más le conviene a cada quien en un momento determinado y dejar lo que no le gusta o le estorba. El hombre, dios y el mundo se encuentran en un mismo plano y por eso, les es fácil unificar todas las religiones. Es como se le ha llamado: un "supermercado espiritual," el "bufete de religiones" o el "cóctel espiritual," donde tomo lo que más me conviene para el día de hoy y lo demás lo desecho. Importa poco lo que creas, con tal de que estés bien. Lo que resulta bueno para cada quien es lo bueno. Por ende, no hay nada malo; y, en caso de equivocarse, a todo se le puede poner remedio; si no en esta vida, en la reencarnación sí se podrá.

◊ **El Taoísmo:** Tao significa 'camino', se convirtió en culto popular cuando sus seguidores se desembarazaron de la metafísica y se entregaron a la práctica de la alquimia, la magia y la adivinación. Posteriormente, hacia el siglo II d.C., Chang Tao Ling la fundó como religión y se nombró su primer "pontífice." Pero en 1927 tal pontificado fue abolido por el gobierno chino. Sin embargo, el Taoísmo sigue siendo con el Confucionismo y el Budismo una de las religiones más difundidas de China.

◊ **Taichi** (Defensa personal con movimientos lentos): La forma eminentemente enraizada en la cultura taoísta, está compuesta de 64 movimientos, como 64 hexagramas posee el 'I Ching.'

◊ **Vudú:** Vudú es una deformación de la palabra «vaudoux», aplicada a un dios serpiente con poderes de oráculo, venerado en un frenético baile tribal por esclavos del actual Benin. Los espíritus no son concebidos como entidades individuales sino combinaciones de personalidades con varias identidades relacionadas. Se honra, por ejemplo a un espíritu llamado "orisha" en la *Santería* y "orixá" en el *Camdomblé*, una forma del dios serpiente, en el día de San Patricio, de quien la tradición dice que expulsó a las serpientes de Irlanda.

"Ogou," el dios yoruba de la caza; en Haití es "Ogoun"

el espíritu del hierro y la guerra, identificado con Santiago el Mayor. «Xango», el dio yoruba del fuego y el trueno, se ha travestido mágicamente en **Santa Bárbara**. La mayoría de los ritos del Vudú empiezan con oraciones católicas como padrenuestro, avemaría y algunas variaciones del credo niceno, recitados en francés por el «*presavann*», el «sacerdote del bosque» en criollo. Luego, la lengua cambia al criollo y empiezan las danzas extáticas y los tambores a ritmo cada vez más trepidante.

◊ **Yoruba** (santería): A partir de la segunda mitad del siglo XVI, negros de África fueron traídos a Cuba para trabajar como esclavos bajo la dominación española. Entre ellos, los del África occidental, y principalmente los Yoruba (o Lucumíes) ejercieron una enorme influencia en el desarrollo cultural y religioso de la isla. Su culto se expandió muy rápidamente y se conoce en Cuba con el nombre de Regla de Ocha (o Santería). Tiene como base la adoración de los

dioses (Orishas) del panteón yoruba y la transposición de las divinidades africanas con los santos de la religión católica dando lugar a un sincretismo muy importante para el análisis de la cultura. El origen de su nombre (Santería) es muy claro ya que se trata de un culto a los santos. Sus ritos, su música, su sistema de símbolos, sus leyendas, son testigos de su complejidad. El personaje más importante es el Babalao: es un consejero y experto en religión, predice a través de los oráculos. Además, cada creyente (Santero o Babalocha para los hombres y Santera o Iyalocha para las mujeres) está consagrado a un santo (Orisha) personal. Es sensato venerarlo en particular, honrarlo en su propia casa (que se convierte por esto en una íleocha, una "casa templo") donde se baila para y con él, levantándole un altar llenos de santos fotos imágenes y más. La motivación de estas danzas es glorificar a los Orishas o atraerlos con el fin de que tomen posesión de uno de sus hijos (iniciados) para comunicar con los hombres. Este fenómeno de la posesión se llama el trance (subirse o montarse el santo).

El panteón yoruba y su mitología han sido comparados con los de la antigua Grecia. En los mitos se relatan los hechos, las aventuras y la vida de estos dioses para posteriormente evocarlos en los ritmos, las danzas y los cantos. (Véase la conexión con el Vudú, y el candombe, practicado en los carnavales en Uruguay y Brasil, y véase la conexión con la cruz esvástica).

◊ **Fetichismo:** Práctica maligna que coloca espíritus del mal sobre objetos inanimados como libros, cartas, regalos, ramos de flores, cuadros, imágenes, "*suvenir*," y más, para maldecir y así oprimir a las personas que los tocan o a los que le fueron enviados.

◊ **Cao Dai:** Secta sincrética. Es uno de los grupos de mayor influencia en Vietnam. Combina elementos de taoísmo, confucianismo, budismo y catolicismo romano. Entre sus creencias se encuentran la reencarnación y la comunicación con espíritus. Su fundación se remonta a 1919.

◊ **Alquimia:** Conjunto de antiguas doctrinas y experimentos, generalmente de carácter esotérico, relativas a las transmutaciones de la materia, que fueron el precedente de la moderna ciencia química: la alquimia pretendía encontrar la piedra filosofal, capaz de convertir los metales en oro. Uno de los objetivos de los alquimistas era el descubrimiento del elixir de la eterna juventud.

◊ **El Aura:** Basada en creencia de la física, ancestral, desarrollada hoy en día bajo las creencia de expandir y desarrollar la energía eléctrica magnética iluminosa que envuelve el cuerpo físico que se llama el aura. Detrás de esta práctica se conecta la xuropatía.

◊ **La Xuropatia, Órgano terapia, Elemento terapia, Radiestesia, Magnetismo de los colores:** Se basan en la purificación de las toxinas del cuerpo y la así como extensión del "aura" personal. Su creencia fuerte está basada en la medicina natural, buscando el conocimiento oculto. Creen en Jesucristo y hablan de los textos de los evangelios. Pero inducen a conectarse y a buscar conexión con el campo electrónico neutro de la nave de los extraterrestres por medio de las diferentes radiaciones electromagnéticas de los diferentes colores que irradian la luz de estas supuestas "naves." Algo parecido a la magia blanca que se considera "buena" por realizar curaciones.

◊ **Sistema piramidal de ventas:** Este estilo de venta opera a través de seminarios para corporaciones de motivación y sistemas "Piramidal y Multinivel," han tenido mucho éxito dentro de la sociedad, porque ofrecen mejorar la capacidad mental del vendedor para influenciar directamente al comprador y económicamente para que cada vendedor tenga éxitos en sus ventas. Los que reciben estos cursos y trabajan en redes piramidales los llevan a nuevos niveles de superación personal para obtener una mente superior, de manera que ejerzan todo lo que se propongan, no importando los medios.

5

Las Organizaciones que Promueven la NE

Segunda Parte

También se ha infiltrado dentro de las diferentes áreas de la sociedad, aparte de esto se organizan seminarios y toda clase de cursos. Los "seminarios para corporaciones" de motivación y sistemas "Piramidal y Multinivel," han tenido mucho éxito dentro de la sociedad, porque ofrecen mejorar la capacidad mental y económica de cada asistente, llevándolos a nuevos niveles de superación personal que les llevan a obtener una mente superior, de manera que ejerzan todo lo que se propongan, no importando los medios. La Nueva Era es la unificación ocultista de todas las creencias desde Babel hasta hoy, y se puede encontrar camuflada en las ideologías.

◇ **Metafísica**: El término "metafísica" proviene de una obra de Aristóteles compuesta por 14 libros (rollos de papiro), independientes entre sí, que se ocupan de diversos temas generales de la filosofía. Estos libros son de carácter esotérico, es decir, Aristóteles nunca los concibió para la publicación. Por el contrario, son un conjunto de apuntes o notas personales sobre temas que pudo haber tratado en clases o en otros libros sistemáticos. A veces se considera como la disciplina básica o fundamental de la filosofía. En ocasiones, dentro de la filosofía se distingue la metafísica de otras vertientes suyas como la lógica, la ética , la estética o teoría del arte, la axiología, estimativa o teoría de los valores, la antropología filosófica, la gnoseología o teoría del conocimiento, la epistemología o filosofía de las ciencias, la filosofía del lenguaje, la filosofía política.

◊ **Parasicología:** Es el estudio de los fenómenos "misteriosos" o, "Fenómenos Extra – Normales." La palabra Parasicología (con el prefijo griego Para = al margen) indica suficientemente el objeto de estudio: fenómenos raros, inhabituales, extraños, al margen de la Psicología normal y anormal. A todo esto se le imponía una investigación científica de la fenomenología para separar lo real de lo puramente fabuloso, y para, al mismo tiempo, analizar y sistematizar las causas en los fenómenos reales.

◊ **Sanidades a través de la Energía Universal:** El conocimiento del uso de la energía universal como método terapéutico.

◊ **Adivinación:** Predicción del futuro o descubrimiento de lo oculto o ignorado, haciendo uso de la magia o de poderes sobrenaturales. La palabra llama a esta práctica posesionarse del espíritu de Pitón. Esta práctica abre la mente para poder visualizar el futuro. Es contrario al discernimiento del Espíritu Santo y abre en la mente el llamado "tercer ojo." Detrás d esto se mueve, hechicería y el espíritu de Jezabel. Personas que practicaron, santería, Gudú, Tarot, Budismo yoga y todo lo que es ocultismo pueden sin darse cuenta, tenerlo. Es un derivado de la magia blanca, que dice operar con espíritus buenos.

◊ **Tarot:** Baraja de 78 naipes divididos en 22 arcanos mayores y 56 arcanos menores, utilizada en cartomancia. Adivinación a través de los naipes

◊ **Iridiología:** Es la práctica que se aplica mediante la observación del iris del ojo, pudiendo ser posible obtener información del estado de salud que tiene cada órgano del cuerpo. Esta forma de proceder permite descubrir los desequilibrios patológicos y funcionales en el cuerpo humano por medio de la observación de manchas, líneas y decoloraciones en la porción coloreada del ojo llamada iris. Busca la posibilidad de una conexión entre las enfermedades que sufre el cuerpo con la afortunada circunstancia de quedar impreso en el iris del ojo y la posibilidad de ser "leídos" por la persona que acertará a descifrarlos. La Iriología no es una ciencia nueva, ya era conocida por los antiguos egipcios y en el siglo IV A. de C. por Hipócrates y sus seguidores.

◊ **Acupuntura:** La acupuntura es una técnica fundamental dentro del sistema médico chino. Este método favorece el reequilibrio del sistema energético-vital mediante la inserción de agujas en determinados puntos del cuerpo. Esta practica se basa en dos principios filosóficos: el Tao (*Yin y Yang*) y la teoría de los cinco elementos o movimientos. Ambos principios están unidos por un concepto básico, el *Qi* o *chi o prana* o soplo o energía. Según este principio todo es energía en continua transformación (Muchos son los que han caído en depresión e insomnio después de practicarse la Acupuntura).

◊ **Acupresión:** Es una antigua técnica tradicional oriental (China). Masajes al cuerpo a través de presiones en ciertas áreas, (con los dedos de las manos) en puntos específicos, tratando de estimular la vida sexual de la persona. Según el doctor David Wang, esto es posible mediante el uso de la acupuntura y su derivada la acupresión. Esta técnica también está basada en la creencia de los canales positivos y negativo que tiene el cuerpo basada en la técnica de la Acupuntura.

◊ **Reflexología:** Para la reflexología el cuerpo humano se refleja en los pies. Cada hueso, músculo, órgano ó sistema puede tratarse mediante masaje y presión a través del pie y tener un efecto directo en el cuerpo. Se asevera que imprimiendo una fuerte presión sobre los dedos de las manos y de los pies, lograba combatir dolores de todo tipo Los orígenes históricos de la Reflexología o masaje zonal se remontan al padre de la medicina occidental, Hipócrates, quien vivió en el siglo V.

◊ **Telepatía:** La telepatía presenta la percepción de un contenido mental a través de otro contenido mental, se manifiesta simultáneamente incluso más allá del espacio. En efecto la Telepatía, es prácticamente la facultad de comunicarse dos seres vivos a través del uso de la propia mente y no de la palabra, es decir: representa la posibilidad de dar a conocer o entrar en conocimiento de pensamientos o acciones sin pasar por los sentidos conocidos, es decir sin la mediación del razonamiento lógico, deductivo o intuitivo, y naturalmente sin otros medios de comunicación o artificios. Se cree posible que este fenómeno pueda extenderse más allá de la simple comunicación entre seres vivos, como sucede en los **trances individuales**, obsesiones espiritistas o bien en la recepción de mensajes transcendentales mediante la **hipnosis**. Este fenómeno está conectado con la adivinación y el tercer ojo, muy usado en el Hinduismo, Budismo y Taoísmo.

◇ **Numerología:** Basado en el estudio de los días y año del nacimiento de las personas, para descubrir el futuro. Los significados de los números los relacionan con el nombre y la fecha de nacimiento (Carta Astral). Esta práctica es usada por los Astrólogos, Cabalista, y futurólogos.

◇ **Medicina Alternativa u holística:** El término **medicina alternativa** designa de forma amplia los métodos y prácticas usados en lugar, o como complemento, de los tratamientos médicos convencionales para curar o paliar enfermedades. El alcance preciso de la medicina alternativa es objeto de cierto debate y depende en buena medida de lo que se entienda por «medicina convencional». El debate sobre la medicina alternativa se complica aún más por la diversidad de tratamientos que son categorizados como «alternativos». Éstos incluyen prácticas que incorporan **fundamentos espirituales, metafísicos o religiosos**, así como tradiciones médicas no occidentales, enfoques de la curación recién desarrollados y varios otros. Los detractores de la medicina alternativa pueden definirla también como «diagnósticos, tratamientos o terapias que pueden dispensar personas que no están legalmente autorizadas para diagnosticar y tratar enfermedades. Buena parte de la comunidad científica define la medicina alternativa como cualquier tratamiento cuya eficacia y seguridad no han sido comprobadas mediante estudios controlados y contrastados.

◇ **Osteopatía:** Tratamiento natural para el cuidado de la Salud. La Osteopatía es un sistema de medicina o método de tratamiento que consiste en hacer el diagnóstico físico de las enfermedades, con el fin de descubrir no los síntomas, sino las causas. El tratamiento de la enfermedad es a través de manipulaciones, estiramientos y masaje de la columna vertebral y de todas las articulaciones. Su objetivo es restablecer el movimiento y funcionamiento adecuado del cuerpo humano: huesos, articulaciones, músculos, tejidos blandos, sistema nervioso, venoso y linfático. El osteópata como herramienta sólo utiliza las manos, aplicando una serie de manipulaciones funcionales que abarcan un gran número de técnicas, aplicando las técnicas en las posiciones corporales más neutras y respetando la fisiología de cada zona. La osteopatía se puede entrelazar a los quiromasajes, al yoga, meditaciones y a la reflejoterapia podal.

⋄ **Alopatía:** Es un termino atribuido a Christian Friedrich Samuel Hahnemann (1755-1843), considerado el padre de la Homeopatia.

⋄ **Homeopatía:** Cura a través de la ciencia de las plantas, donde le atribuyen poderes espirituales.

⋄ **Naturopatía:** Es un Sistema de Medicina que se basa en el uso de productos naturales más que de drogas, para el tratamiento de las enfermedades. Las hierbas, vegetales sin fertilizantes artificiales y preparados sin preservantes o colorantes, el agua pura, la luz solar y el aire fresco, se usan para reforzar la capacidad del cuerpo de las sustancias "innaturales" que son la raíz de muchas enfermedades. Se puede decir también que la Naturopatía es una técnica basada en las posibilidades de que el cuerpo posee para curarse a sí mismo. Por esto coincide en el enfoque de la Medicina Tradicional China y el Ayurveda. A esta capacidad se le ha llamado energía, Chi o "fuerza vital." Hipócrates planteaba un sistema de curación simple, basado en comida moderada y sana, descanso adecuado y ejercicio.

⋄ **Ayurveda:** Práctica usada para curar a través de hierbas, hojas y cortezas de árbol, raíces y plantas. Muy usada por los Brujos Chamanes de América del

Sur, África e islas del pacifico y en el oriente usada por la cultura China.

◇ **Magia Verde:** La magia verde es un tipo de magia cuyo componente central es el uso de plantas y hierbas. En las sociedades occidentales contemporáneas, se considera un tipo de Magia blanca. La magia verde se halla estrechamente ligada con el entorno más o menos esotérico que rodea a la fitoterapia y el herbalismo, muy populares como forma de medicina alternativa. En ciertos casos, se han establecido dudas sobre la legalidad de algunas prácticas de magia verde que pudieran incorporar elementos psicoactivos de origen natural.

◇ **Nigromancia o necromancia:** (Espiritismo) Conjunto de ritos y conjuros con los que se pretende desvelar el futuro invocando a los muertos. (Prohibido totalmente por Dios).

◇ **Piromancia:** Técnica supersticiosa de adivinación basada en la observación del color, chasquido y disposición de la llama: la bruja aseguraba adivinar el futuro mediante esta práctica. **Pirolatría**, adoración al fuego. Práctica usada por las civilizaciones muy primitivas, hoy se sigue usando en fiestas patronales y folklóricas en diferentes países. (Ejemplo; Valencia, España, fiesta de las Fallas).

◇ **Quiromancia:** Forma de adivinar el futuro mediante la interpretación de las rayas de la mano.

◊ **Teorías y técnicas psicológicas como las de CG. Soka Gakkai Internacional SGI:** En 1975 se fundó la Soka Gakkai Internacional (SGI). Hoy en día la SGI es una red mundial de 12 millones de miembros en 190 países y territorios que comparten la misma expectativa para un mundo mejor. Las raíces de su historia como institución se encuentran en el desarrollo de la Soka Gakkai (Sociedad para la Creación de Valor) en Japón Organización mundial que promueve la paz el respeto por la vida humana. Cuenta con más de doce millones de miembros en 190 países y territorios del mundo. Su base filosófica son los principios humanísticos del budismo de Nichiren Daishonin. A través de esta organización se ha trasmitido la práctica el budismo y como un medio de fácil acceso para que las personas pudieran reconstruir sus vidas y superar los obstáculos, en su búsqueda de la felicidad. Daisaku Ikeda tomó la presidencia de la Soka Gakkai en 1960 cuanto tenía 32 años de edad. Bajo su liderazgo, la organización continuó creciendo y ampliando su enfoque al abrazar las actividades en los campos de la paz, la cultura y la educación. Paralelamente, la membresía fuera de Japón continuó creciendo. La SGI surge con el objeto de atender las necesidades propias de ese crecimiento y de profundizar el compromiso de la Soka Gakkai con el bienestar de toda la humanidad. Actualmente, los miembros de la SGI se esfuerzan por contribuir en sus respectivas sociedades como ciudadanos responsables sobre las bases de una visión orientada a la consecución de un mundo pacífico.

◊ **Hipnotismo:** Estado semejante al sueño inducido por otra persona mediante sugestión, en el que cual se somete la voluntad a quien lo provoca. Dominio y control de la voluntad. Hay tratamientos para el dolor llamados hipnosis o sofrosis, estos también son procedimientos basados en la sugestión.

◊ **Angelología:** Contactar con "seres de luz," es la introducción al mundo angélico "de los seres caídos." El estudio y ejercicio de cimentación, la luz y la oscuridad. Es el ejercicio para expandir la audición espiritual. Abriendo el corazón a la meditación para abrirse a la comunicación con los Ángeles. Aprender las formas de recibir mensajes "angélicos." Sintonización de energía y visualización para incrementar la vibración. Ángeles del Zodiaco y los planetas. (Las personas que han hecho estos cursos han quedado infuenciadas, véase libro *"Ángeles y sus Manifestaciones"* por los Pastores Zapico).

◊ **(OVNIS/UFO):** Creencia, contacto y búsqueda de los "seres fuera de la Tierra." Toda aparición extraterrestre es considerada por la Palabra de Dios como de los "dioses" o "los hijos de Dios," los antiguos Arios que visitaron la tierra, llamados también "vigilantes" nombrados en el libro del Génesis. Se acreditan a criaturas de alto rango que no guardaron su postura en el cielo, y bajaron a la tierra para enseñar a los hombres.

◊ **Reiki:** Es un método que pretende "sanar

naturalmente" a través de las manos dando masajes y presiones sobre ciertas partes del cuerpo. Según los practicantes utilizan la energía vital universal. Fue un monje japonés llamado Mikao Usui, quien descubrió el Reiki durante un retiro espiritual a mediados del siglo XIX. Los efectos curativos del Reiki parten de los conocimientos hinduistas sobre los Chakras, mediante los cuales explican los estados de salud de los seres humanos. Aunque Reiki es una técnica de sanación, no se recomienda utilizarla como sustituto del tratamiento médico prescrito por un profesional.

◇ **Qigong.** *Chi Kung* (氣功 en chino): Es una técnica relacionada con la medicina china tradicional, que comprende a la mente, a la respiración y al ejercicio físico. El *chi kung* puede practicarse con el cuerpo quieto o en movimiento e involucrar patrones prefijados o no. El *chi kung* se practica, generalmente, con objetivos orientados al mantenimiento de la salud, pero también en algunos casos, especialmente en China se puede prescribir con objetivos terapéuticos específicos. Varias formas de *chi kung* tradicional, en china, están relacionadas con la salud, las corrientes espirituales de china (**taoísmo, budismo y confucianismo**) véase, y **las artes marciales**. Consiste en métodos de relajación, para que se abran los canales del *chi*, relajamiento de la mente de la respiración y del cuerpo.

◇ **Kinesiología aplicada:** Es la capacidad de curación natural del organismo que se estimula mediante la aplicación de energía sobre puntos reflejos y mediante movimientos corporales. **Su objetivo consiste en analizar la energía, aplicando un gran número de técnicas de curación suaves, encaminadas supuestamente a la mejora de la salud y de la vitalidad.** Llamada también, "ciencia del movimiento" es un sistema que utiliza el test muscular como mecanismo de bio-comunicación, buscando corregir los posibles desequilibrios y que desde sus orígenes ha tenido en cuenta el global cuerpo-mente.

En kinesiología se evalúa el músculo para ver el nivel de estrés-consciente o inconsciente que se almacena. Es permitir que el ser al completo, cuerpo incluido, desarrolle conciencia.

◊ **Organización Internacional del desarrollo humano y superación personal Cóndor blanco:** Fue fundado por el escritor filosofo chileno Suryavan Solar, llevando a la práctica del neochamanismo, con técnicas ancestrales, y Folklore indígena, *"danzas samkya," "mandelipe"* (técnica de superación personal a través de semanarios de capacitación) y contacto con los espíritus de los antepasados.

◊ **Danzas samkya.** Trabaja como terapia para levantar la autoestima, a través de las danzas ancestrales indias, árabe, gitana, hindú y egipcia, para llegar a ser "mujeres más equilibradas y radiantes."

◊ **Yin y Yang:** Una de las palabras habladas por la

serpiente (Satanás) a Eva fue: *"Conocerás el bien y el mal."* La filosofía más antigua dada a conocer al hombre quiso siempre identificar lo blanco con lo oscuro, la luz con las tinieblas como una sola cosa. Jesucristo demarco la diferencia cuando dijo: *La luz en las tinieblas resplandece, y las tinieblas no prevalecieron contra ella.* Juan 1:5. Es decir que las tinieblas no pueden habitar donde hay luz. Ahora según la filosofía china, si están unidas y el gran universo salió de un gran huevo, donde estaba escondido el yin y el yang, (quizás se están refiriendo a la maldad que sale del huevo del áspid).

La dualidad ying- yang es el tema de la filosofía china más difundido en el mundo occidental. Por ser patrimonio común a distintas escuelas de pensamiento en todo el oriente, este concepto adquiere diferentes matices interpretativos, según se lo considera en el marco doctrinal del taoísmo metafísico (véase taoísmo).

Yin-yang se dice que es una polaridad dinámica complementaria y armónica. El significado de cualquiera de ellos deviene de la relación con su opuesto complementario (véase símbolo).

Se puede ver su símbolo en brazaletes, pendientes, anillos, relojes, tatuajes, cuadros, acompañándolo muchas veces el dragón chino, especialmente en todo aquello que encierra la filosofía antigua oriental.

Organizaciones Mundiales y Sociedades Secretas

Haremos una pirámide, basada como guía la pirámide del billete de un dólar.

Comenzaremos con cuatro estructuras, luego dos y finalizaremos con la ultima o la pirámide que está separada con "el ojo que todo lo ve."

Grupos Educativos:
- UNESCO, Grupos de Paz mundial
- Greenpeace,
- Lucis Trust (Lucifer Trus)
- Union, mundial

Grupos de Inteligencia:
- CIA(EEUU)
- FBI(EEUU)
- NSA,
- KGB (Rusia),
- MOSSAD (Israel)
- BND (Alemania)
- DGSE (Francia)
- MI5-6 (Inteligencia Británica)
- Partido Comunista
- Mafia organizada
- Servicio Secreto de Pakistán.

Grupos religiosos:
- Consejo Mundial de Iglesias,

◇ Consejo Nacional de iglesias,
◇ Parlamento Mundial religioso,
◇ Movimiento de la Nuera Era (Esoterismo),
◇ Nación del Islam, Hamas y Hesbollah.

Grupos Políticos:
◇ Líderes de Gobiernos Nacionales,
◇ ONU (Naciones Unidas),
◇ Bilderberg
◇ Comisión trilateral,
◇ Consejo de Relaciones Exteriores, Club de Roma
◇ UE (Unión Europea)
◇ NATO,(OTAN),
◇ Mesa redonda
◇Familiares Reales Europeas

Nuevo Orden Mundial

Grupos Monetarios:
◇ Reserva Federal EEUU
◇ Banco Central
◇ Banco Central Europeo
◇ FMI (Fondo Monetario internacional
◇ BM (Banco Mundial)
◇ OMC (Organización Mundial del comercio)
◇ Banco Nacional Central
◇ Corporations Multinational's (Exxon, Disney, Shell, Bayer, Hollywood y otros)
◇ Fundaciones (Rockefeller, Nobel, y otros)

Grupos de las Sociedades Secretas:
- ◊ Masonería Libre (Rito Escocés)
- ◊ Francomasonería
- ◊ Sculls & Bones (Calaveras y huesos)
- ◊ Logia Gran Oriente
- ◊ Logia Gran Alpes
- ◊ Caballeros Templarios
- ◊ Rosacruces
- ◊ Logia P12
- ◊ Caballeros de Malta
- ◊ Caballeros de Columbia
- ◊ Fraternidad de la hermandad
- ◊ Kabbala
- ◊ Opus Dei

Illuminatis - Iluminados:
- ◊ Consejo del grado 13 de los Iluminados de Baviera
- ◊ Consejo del grado 33 de los Masones
- ◊ Las 13 líneas de sangre satánicas
- ◊ El comité de los 300, que equivale al Club de Roma
- ◊ B'Nai B'Rith
- ◊ Gran Oriente
- ◊ La orden de los Jesuitas
- ◊ dios de este Siglo, dragón o serpiente antigua.

6

Simbología

La Nueva Era ha tenido la tendencia de poder reunir a todos aquellos que comparten de una forma u otra las mismas creencias tales como: confraternidades secretas o movimientos esotéricos. Es de notar que a través de los tiempos, las diferentes tendencias religiosas han sido identificadas con determinados símbolos. Los símbolos han existido desde tiempos antiguos en el mundo. Su lenguaje está escondido en la simbología. La palabra símbolo proviene de la palabra en latín *"symbolum"* que significa representación. Estos son, un logotipo de dichas creencias, la imagen asociada sin palabras, las abreviaturas en lo que realmente representa. Estos símbolos diversos se encuentran entre los mas usados, conocidos y muchos de ellos utilizados desde el comienzo de muchas civilizaciones. El estudio de los símbolos es algo importante conocerlo para no ser engañados o seducidos por la corriente que existe en la sociedad actual de utilizarlos sin saber lo dañino y perturbador que esto significa para aquellos que lo utilizan.

Muchos de estos símbolos datan desde los inicio de las civilizaciones, la cual ha sido encontrados en antiguas excavaciones, así como en tempos, piedras y en Egipto por ejemplo, de las diferentes tumbas de los Faraones. Cada uno de ellos iban sin duda alguna conectados con las creencia en los dioses que ellos veneraban.

Hay símbolos que esconden mensajes secretos. Muchos de ellos, lamentablemente los cristianos los usan, y esto se debe al desconocimiento total de su significado. Algunos de estos símbolos más usados y vistos en tatuajes, camisetas, prendedores, son como imanes a los demonios ya que al usarlos, traen influencia malignas a las personas. Los más destacados son la cruz invertida, símbolo que la gente lo conoce como de la "Paz," (su real significado es la iniciación a la brujería y negación a la cruz, y a Cristo, el hijo de Dios). Otro que la sociedad le ha dado mensajes como símbolos "del amor" es la conocida la cruz Ankha. Desde los tiempos de Imperio Egipto representa el amor libre y el sexo ilícito. Muchos jóvenes les gustan usar camisetas con "logos" sin averiguar que trasfondo cultural que representan. Ya que algunos tienen mensajes subliminares. Se puede encontrar todo tipo de imágenes como dragones, calaveras y nombres de grupos de música, temas para el sexo, droga, alcohol, dinero fama y famosos, son impresas esas imágenes para promover las ventas.

¿Con cuanta frecuencia no se comprende porqué las oraciones a veces, no son contestadas? Los impedimentos se presentan por quebrantar las leyes espirituales que existen. El Señor dijo: *"No toquéis lo inmundo y yo os bendeciré."* Muchos de los símbolos, encierran antiquísimos poderes ocultistas ya que fueron usados por los buscadores de las tinieblas a lo largo de la historia de la humanidad.

Presentaremos unos pocos para que el lector observe como estos se esconden sínicamente. Los símbolos profesan blasfemias y encierran costumbre que van opuestos a la ley de Dios, como:

La **CRUZ ANKHA:** (Cruz con circunferencia en la parte de arriba). Se llama del amor, pero es del amor libre que niega la virginidad, trae promiscuidad y rebelión entre los jóvenes, Fue usada por los "Hippies" en los años 70', (principio de la Nueva Era). Realmente simboliza los rituales de la fertilidad, así como también la unión de las representaciones de lo masculino y femenino. Usada por lo paganos Egipcios, es además llamada el sello de por vida. Los que lo usan están abiertamente declarando que creen y están de acuerdo con lo que realmente significa.

PENTAGRAMA. Estrella de cinco puntas (pentagrama invertido), usarlo tatuado en el cuerpo, camiseta, pendiente u colgante, simboliza la estrella de la mañana, símbolo de Satanás. El circulo adoración a Baal dios sol. Usada por los terroristas sin el círculo, símbolo de poseer los cinco continentes de la tierra. El Circulo también simboliza adoración a la madre tierra, Pachamama conocida por lo indios en Sudamérica. Todo signo encerrado en círculo proviene de la magia y adoración a Satán. Estrella muy usada por los adoradores del mal.

SUPERMAN. Este símbolo tan conocido ¿acaso no parece inocente e infantil? Pues si se observa detenidamente vemos la **serpiente** dentro de un pentagrama irregular, ahí encontramos otra vez las cinco. Hay un sólo héroe que fue súper y poderoso se llama Jesucristo que nadie le robe su gloria. Que los niños no admiren más las caricaturas que al verdadero Salvador.

SWASTICA O RUEDA DEL SOL. Es un símbolo religioso antiguo usado mucho tiempo antes de que Hitler tomara el poder. Ha sido usado en inscripciones Budistas, Monumentos Celtas y monedas Griegas. Representa el curso del sol en los cielos. También representa el poder del boomerang, todo lo que sube tiene que bajar, todo lo que haces se devuelve.

Actualmente la Nueva Era la usa para pedir los cuatro poderes de la **"Madre Tierra"** invocando a los espíritus ancestrales que se mueven en él.

- *fuego* (espíritus invocados desde el infierno),

- *viento* (potestades que se mueven en el aire, invocadas por los indios, aves como el cóndor blanco, águila y más).
- *agua* (potestades como la diosa invocada por los que practican "la macumba brasilera" así como los espíritus de encantamiento, sirenas, delfines, ballenas).
- *tierra*, invocaciones a la dioses de la fertilidad y a los poderes que se mueven en la tierra, perversidad, vanidad poder y riqueza.

EXAGRAMA, Llamada: Estrella de David. Es la estrella de seis puntas formada por dos triángulos invertidos. Este símbolo, **dentro de un círculo** es usado por la magia blanca, y se caracteriza por ser potente en los poderes de las tinieblas. También es usado en ritos de Masonería. Los triángulos tienen varios significados, el triángulo para arriba puede representar la mujer, el triángulo para abajo el hombre, los dos juntos en unión a la tierra. Los judíos pueden interpretarla como Dios (triángulo para arriba) y el Hombre (el triángulo para abajo). Cada vez que vemos este símbolo nos hace recordar "el geto" y la segunda guerra mundial. Fue Adolfo Hitler que obligó a los judíos a colocársela en el brazo, tanto a judíos polacos, Alemanes, como al resto de ellos en Europa. Después de la declaración de Israel como Nación en el año 1946 fue que se adoptó como "símbolo nacional." No nos olvidemos que esta estrella la comenzaron a utilizar los judíos Cabalistas y francmasones europeos desde la edad media en adelante. Esta a ido pasando a través de los ritos de la magia blanca y organizaciones secretas, hasta el día de hoy. Deténgase y véala camuflada en el billete del dólar americano, arriba de la cabeza del águila, formada de 13 estrellas.

YIN YANG: En la filosofía china, son dos grandes principios opuestos o fuerzas de las que todo depende. Yang es masculino, luz y positivo. Yin es femenino, oscuro y negativo. Es la lucha constante del bien y del mal, sin embargo esto significa que el "bien y el mal son uno sólo" (de acuerdo a la cultura china). El símbolo resulta ser "especialmente atractivo" por parte de personas que creen en las enseñanzas de "la Nueva Era." No nos olvidemos que Satanás dentro de la serpiente le hablo a Eva diciendo: *Te mostrare el bien y el mal*, (opuestos unidos). La línea que separa los opuestos colores es en forma de serpiente i marca la letra "S" de Satanás al revés. Esa línea fin que se esconde entre la luz y las tinieblas es el llamado "filo de la navaja" o "Cuerda floja" donde se mantienen "las brujas carismáticas" o de influencias.

EL ESCARABAJO SAGRADO: para algunos este símbolo egipcio significa reencarnación. Es además el símbolo de Belcebú, "Señor de las moscas". Si los ocultistas lo tienen puesto, significa que tienen poder y es (según ellos) fuente de protección.

Recuerda que si tienes a Dios de tu parte no necesitas nada de esto.

LA ESTRELLA Y LUNA CRECIENTE: Representa a la diosa de la luna Diana, y a la "estrella de la mañana," el nombre de Lucifer en Isaías 14:12. La Brujería usa este símbolo para mostrar el camino al satanismo y el satanismo lo usa en la dirección opuesta para mostrar el camino a la brujería.

Simbología en el Billete de Un Dólar

La creencia popular dice que tener un billete de un dólar en la billetera atrae dinero. Se cree que contiene poderes mágicos por la simbología oculta en este impreso. Quien se haya detenido a mirar dicho billete, podrá darse cuenta, que sí, esta lleno de distintivos, ya que los símbolos esotéricos que aparecen en su parte posterior son numerosos. Sobre el número uno (ONE), se invoca la protección de dios (*in God we trust*). ¿A que dios se esta realmente invocando? ¿Será al dios del nuevo orden mundial, NOVUS ORDO SECLORUM que aparece debajo de la pirámide?

En el círculo de la derecha, el águila esta simbolizando el poder, la fuerza, la capacidad de subir a lo alto para tener una visión más global (control). Es el ave PHINEX sosteniendo en su garra izquierda 13 flechas y con la izquierda una rama de laurel, símbolo del éxito. Su cuerpo está atravesado por un blasón de 7 rayas y por encima de su cabeza, el Exagrama (estrella de David) de 6 puntas formada por 13 estrellas (número usado para ritos Masones) también representa las trece primeras colonias (Ver Exagrama).

El círculo de la izquierda del billete de un dólar, contiene una pirámide, La inferior es de 33' grado de la Masonería oculta, esta separada de la otra más pequeña que representa cuando "se unirá" y el NOM sea instalado. La pirámide pequeñita con el ojo es el más alto nivel de la sociedad secreta de "los Iluminados" dentro de la orden de los jesuitas.

OJO que "todo lo ve" u OJO DE UDJAT. Se cree que es el ojo de Lucifer y aquellos que dicen tenerlo, claman tener el control de las  finanzas del mundo. Usado en adivinación y el control psíquico.

El ojo udjat, (según la mitología Egipcia) simboliza la salud y la plenitud, sería la representación del ojo del dios halcón Horus. El motivo del ojo representaba "el poder de ver," de iluminar y de actuar.

También representa "el tercer ojo" usado por los adivinadores, en el Tarot Egipcio. Actualmente los usan los que se comunican por "telepatía." Estos símbolos que se han mostrado, son apenas unos pocos de los tantos que hay circulando hoy en día. Cada uno de ellos representa algo y muchos se usan como fetiches para la buena suerte. Otros traen maldiciones y atraen a los demonios. Es importante destacar que muchas veces se pueden adquirir o recibirlos de regalo sin saber el trasfondo o la influencia que pueden traer. Especialmente objetos o regalos típicos de diferentes países relacionados a sus culturas indígenas. Si tu tienes objetos en tu hogar que tengan que ver con todo lo relacionado con el ocultismo, ahora mismo en el nombre de Jesucristo desásete de todos y serás libre, de su influencia.

El **ICHTHYS** (pez en griego) es un símbolo comúnmente asociado con el cristianismo. También está asociado con la deidad hindú Vishnu y está vinculado con la era de Piscis.

OM. Es el más venerado símbolo Hindú de representa conocimiento espiritual. Es la expresión de la raíz de lo creado y por lo cual todo fue formado. Se debe tener  cuidado ya que muchas personas se lo aplican a la piel en tatuajes sin saber su significado. A su forma incorporan todos los estados desde lo material hasta lo infinito. La silaba /om/ es una mantra, creen que es la realización de lo divino. (Ver Hinduismo). Arriba se puede ver dibujada la luna creciente y la estrella. Conexión con la estrella "caída." La luna creciente es usada como símbolo del Islamismo.

 **ANARQUÍA:** Significa abolir todas las leyes. En otras palabras "haz lo que quieras." Esta es la ley de los ocultistas. Usada por los Punks y los Rockeros y los seguidores de Heavy Metal.

 **PULSERAS BIO-MAGNÉTICAS.** Esta rama de la Nueva Era afirma que el hombre es un receptor y transmisor de energía al igual que los cristales. Los que usan tales pulseras creen en que nivela las energías negativas del cuerpo.

EL TRÉBOL DE CUATRO HOJAS. Símbolo usado para la buena suerte

ELEFANTE PARA LA BUENA SUERTE.
Conectado con el nacimiento de Buda, con el hinduismo y la buena suerte adorado en diferentes partes de la India. Actualmente es vendido para atraer dinero.

CRUZ DE NERÓN: También se le conoce como signo de la paz. Otro signo que es de burla a Jesús. También significa la iniciación a la brujería, cuando invierten la cruz y quiebran sus brazos, es el renunciar al calvario y a la obra redentora de Cristo. Se le conoce como signo de "amor y paz." Otro signo que es de burla a la cruz de Jesús redentora por la humanidad. Negación a Cristo y Pacto con las tinieblas.

Este símbolo estaba inserto en algunos bastones alemanes de las SS de Adolfo Hitler. ¿Que podría estar haciendo este símbolo de supuesto de *"paz"* en sus bastones?

PIRÁMIDES: Representa a la trinidad de la idolatría demoníaca: Nimrod (padre) Semiramis (diosa madre) Tammuz (dios hijo). Se dice que des-prenden descargas eléctricas positivas y que concentran poderes cósmicos. Son usadas como instrumentos de suerte y adivinación, porque supuestamente con-tienen revelaciones y profecías del mundo. ¡Cuidado con los adornos!

BAFOMET. Símbolo Cabalista judío. Es una deidad demoníaca y es un símbolo de la cabra que representa a Satanás.

CRUZ TAU. Símbolo del dios Matras de los Persas y de Aryans de la India. Para ellos, Mathras era el ángel de luz, o la luz celestial. Es usado por modernos masones como símbolo de la T cuadrada. También es la primer letra de Tamuz hijo de la fertilidad adorado (niño) adorado desde Babel. (Ezequiel 8:14) Además representa al dios sol. Es la babilónica representación de la cruz actual.

CRUZ INVERTIDA: Simboliza burla y rechazo a JESÚS. Los muchos se ponen estas cruces como collares. Puedes verla en cantantes de Rock y en las portadas de sus discos.

Esta cruz invertida se ha podido ver en actos religiosos. Simboliza burla y rechazo a Jesucristo abiertamente. Puedes verlas en los cantantes de Rock y en las diferentes portadas de discos.

CRUZ SATÁNICA: Dentro del ocultismo

representa los tres príncipes coronados: Satanás, Belial y Leviatán. Significa completa sujeción bajo Lucifer. La cruz en sí misma es un símbolo satánico por excelencia. Un símbolo aceptado por todos como "cristiano."

INFINITO, o reencarnación, según la Nueva Era. Si observamos el fresco egipcio vemos de donde sale la figura del ocho acostado (adoración a la serpiente). Es el número 8 acostado y se usa dentro de los mensajes budistas. El 8 representa las nobles acciones budistas. Dentro de la "meditación" o conexión con el "tercer ojo"

esta un tipo de meditación que usa el vacío-plenitud como objeto de abrir la mente. Se da vacío infinito o plenitud infinita. Ese es el principio. Después se medita en un estado neutral que no es ni vacío ni pleno. (Ejercicio o iniciación para la meditación, práctica que sirve para abrir el tercer ojo en la mente.)
El tercer ojo usado en el hinduismo, y la Kábbala. Amuleto para la suerte.

RAYO. Símbolo de Satanás en su caída del santo monte de Dios a lo más bajo, en forma de rayo como lo hablo Jesús, (Lucas

10:18). (Pensemos en Harry Potter y su marca en la frente). Muy usado en prendas femeninas, aretes, pendientes broche para el pelo, esto significa poder sobre los demás. En la mitología era el arma de Zeus.

DRAGÓN CHINO, adorado en el ori-ente como deidad, es la serpiente antigua del jardín del edén.

DAGON, dios difundido entre el pueblo marino de los Filisteos. Los griegos adoraban a Neptuno.

De los mares salen los monstruos como el gran cocodrilo, leviatán y el encantamiento de los cantos de las sirenas, mitologías que inducen al hombre al sexo lujurioso.

ESTATUAS DE LA INDIA, como la Chiva, son promovidas para el sexo. Toda estatuilla atrae como un imán a los demonios. (vea Hinduismo)

SÍMBOLOS BUDISTAS. Desde el siglo I DC, el arte budista se diversificó y evolucionó

para adaptarse a las nuevas regiones en las que comenzaba a sumar adeptos,

especialmente en Asia, (actuales India, Bangladesh,

Nepal y Pakistán) Algunos de ellos son: **LA RUEDA DE LA LEY.** (dharmachakra), que representa las Cuatro Nobles Verdades expresadas por Siddharta.

El **ÁRBOL BODHI,** en referencia al árbol donde Siddharta estaba cuando se iluminó. Pueden encontrarse antecedentes a este símbolo en algunos cultos a los dioses de la fertilidad y en representaciones del árbol de la vida.

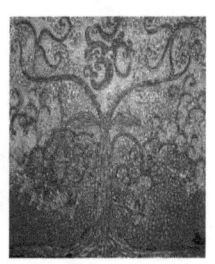

La **HUELLA DEL BHUDDA** (Buddhapada "Pie del Buddha"): Representando el impacto de las enseñanzas de Siddharta en el mundo.

Los **LEONES:** símbolo de la realeza. Siddharta era conocido como el "León Shakya" durante el Imperio de Ashoka, por esto los leones pueden verse en los pilares que quedaron esparcidos a lo largo de India.

LA FLOR DEL LOTO: Símbolo de la prístina naturaleza de Siddharta, por su hermoso florecer y la imposibilidad del agua de

adherirse a él, encontrándose siempre terso.

BUDA: Con su tercer ojo (símbolo de la iluminación y la iniciación a la meditación).

LOS PERROS DE "FU" (BUDA) PROTEGIENDO LA CIUDAD PROHIBIDA

Los **Perros de Fu**, también **Perros de Buda** o **Leones coreanos**, son poderosos animales míticos que tienen su origen en la tradición budista y que, consecuentemente, están bastante difundidos en el  lejano Oriente. En la medida en que los chinos emplean el término 'Fo' para referirse a Buda, puede hablarse también de "perros de Buda." De hecho, se los suele encontrar en los umbrales de templos budistas, palacios y tumbas imperiales. Los perros de Fu, por lo general, se muestran de a pares (de ahí el plural) y con una o ambas patas delanteras apoyadas sobre una esfera. A menudo se los halla protegiendo simbólicamente la entrada de templos y tumbas con el fin de amedrentar a profanadores, demonios y otros espíritus del mal .

Así, por ejemplo, la Ciudad prohibida, en China, está celosamente custodiada por varias parejas de perros de Fu. Los pares de perros Fu suelen encontrarse sexuados, así en la pareja que guarda la sagrada entrada de un recinto diferenciamos al ejemplar hembra del macho porque este sostiene un orbe bajo su zarpa, mientras aquella una cría. En rigor cada uno de los cuales posee distintos poderes y atributos. Mirando desde la puerta hacia fuera el macho se sitúa a la izquierda y la hembra a la derecha.

El perro de Fu era protector de edificios sagrados y defensor de la ley. Los perros solían colocarse flanqueando portales de instituciones de negocios, de templos y, en general, de lugares habitados por gente distinguida. No era raro tampoco ver a estos perros sagrados guardando tumbas o frente a edificios de gobierno para asustar malos espíritus. Con el paso de los años se asentó la costumbre de regalar estos perros al Emperador representándolos en esculturas, tapices u otras artes plásticas

MÁSCARAS AFRICANAS, regularmente hechas de madera o cascara de coco, vendidas como *"suvenires."*
Generalmente son usadas en ritos y en bailes para invocar a ciertas deidades. Los que la compran como regalos no saben que son objetos de fetiches para 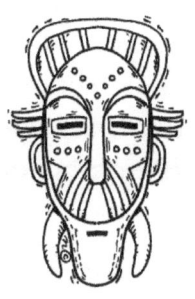 la buena suerte y usados para la brujería, atrayendo a los demonios de la hechicería y trayendo maldiciones a quienes lo poseen.

ZODIACO: Usado en adoración

satánica oculta. Los practicantes conocen a su Dios como Baal o Lucifer. Esto incluye los signos de los horóscopos. Trata de evitar leer horóscopos así como a las personas que hacen los horóscopos o las líneas telefónicas especializadas en darte a conocer tu "horóscopo diario." El horóscopo se basa en la mentira y quienes hacen los horóscopos se dedican a juntar enormes cantidades de dinero en base a la credibilidad de los ingenuos.

JUEGO DE CARTAS: Utilizadas para juegos de azar. El rey representa al diablo, la reina a María o Isis. Los corazones rojos representan la sangre de Jesús, las espadas la persecución y destrucción de los cristianos. Los adivinos creen solucionar el pasado, el presente, el futuro, y predecir la suerte del consultante. Este juego pertenece a la cartomancia la cuál consiste en usar las barajas como medios adivinos; una práctica prohibida en La Biblia. (Deuteronomio 18:10-12).

CUERNO ITALIANO. Unicornio. Fue introducido por los Druidas de Escocia e Irlanda. Es asociado con la Buena suerte y la Buena fortuna. También es usado como el "ojo del mal." Además significa que Satanás tomará control de tus finanzas.

MANO CORNUDA: Es el signo de reconocimiento entre

Simbología

aquellos que están dentro de lo Oculto. Nota el dedo pulgar sobre los dedos y es hecho con la mano izquierda.

LA LENGUA EXTENDIDA: Es símbolo de muerte. Uno de los integrantes del grupo Kiss (Gene Simmons) acostumbra a realizar esta expresión. En una de las portadas de Rolling Stones, aparece este símbolo. (K.I.S.S. = Kids In Satan's Service = chicos al servicio de Satanás)

LA CALAVERA: Es el símbolo de la muerte y usado para maldecir. En ritos satánicos sirve como recipiente para colocar la sangre de los sacrificios. Es usado en varias ocasiones por jóvenes en collares, anillos y pendientes. La influencia negativa es muy fuerte al usarlos.

Como puedes ver en esta lista, muchos de estos símbolos han llegado hacer usados antes de Conocer a Jesús, y algunos todavía los usan **sin saber el significado oculto** que esto encierra, y que es una abierta invitación a Satanás. Es menester que estos símbolos sean destruidos y pedirle perdón a Dios por haberlos usado, y estar dispuesto a renuncia y cerrar toda **influencia oculta** que estos hayan tenido en tu vida. Entonces podrás sentir la libertad que Jesús vino a traer a los cautivos. Dios dice en su palabra: *mi* *pueblo perece por falta de conocimiento*. Oseas 4:6

Algunos símbolos que **sin saber su significado** son utilizados estos abren puertas legales al **mundo espiritual**, y que al tenerlos o usarlos, por ignorancia son muchos los que permiten que en el hogar, o en diferentes tipos de relaciones sean contaminadas. Son tantas las veces que no se comprenden porqué las oraciones no son contestadas, y la respuesta es que personas tienen en sus casas, trabajo, negocio, o en el lugar donde suelen orar, símbolos que encierran antiquísimos **poderes ocultistas** usados por brujos y hechiceros a lo largo de la historia de la humanidad, y que tienen influencias para alejar a las personas de Jesús, el único y suficiente Salvador que puede, con su poder absoluto, liberar a los seres humanos de la cautividad y esclavitud de Satanás y sus huestes de maldad.

7

¿Qué se Esconde Detrás de las Películas?

La lista seria interminable si hablamos de textos bíblicos que nos hablan del engaño que es usado por satanás para confundir y hacer caer a una humanidad quien día a día sucumbe bajo las sombras de las tinieblas.Una de esas formas más usadas para traer error y engaño es a través de los medios de comunicación (imágenes audiovisuales); satanás usa los oídos y ojos para poder comunicar su mensaje y por medio del engaño confundir las mentes.

No podemos como creyentes ver ciertas película que la Nueva Era promueve por medio de Hollywood. Tenemos que informarnos del argumento, del trasfondo espiritual. Pudiéramos decir que el 90% de las películas hoy en día son producidas para promover vilolencia, falsas ideologias, terrorismo, desviación sexual, apariciones extraterrestres, escenas demoníacas con altos mensajes subliminales ocultistas. La Nueva Era siempre ha trabajando ocultamente y más con mayor esfuerzo en este tiempo, para acondicionar las masas, a una "nueva conciencia."

Podemos ver que ahora los ministros del evangelio se han cambiado el nombre de pastor por "motivadores de vida cristiana."

La Biblia dice "...*mi pueblo perece porque le falto el conocimiento.*" La profecía de Daniel dice que satanás seria un maestro del engaño y se volvería arrogante y destruirá a muchos de formas sorpresiva. Miremos algunos ejemplos de películas que han sido lanzadas al mercado y que hay que tener cuidado porque traen engaño y confusión a las mentes.

▪ *Película: Diabólica Tentación*

Esta película resucita todo lo satánico y demoniaco. La figura principal es la vampiresa Lilith; a través de esta película muchas mentes de jóvenes y niños esta siendo acondicionadas al vampirismo y a una falsa inmortalidad. En su argumento hay ritos y sacrificios que son traídos de oriente. La Nueva Era dice que el anticristo no puede aparecer en escena hasta que una proporción significativa de masas lo puedan aclamar y estén dispuestas para aceptarlo.

Esta película acondiciona a la mente aceptar el ocultismo y el satanismo como algo normal. Lilith es la amante de satanás y se da a entender que dará a luz al anticristo. Este símbolo de magia negra ilustra el concepto demoniaco que dice que Adán y Eva es lo mismo que Samael y Lilith. Una de las ramas de la Nueva Era afirma que Adán y Eva fueron los primeros esposos humanos que vivieron en el huerto del Edén, pero anterior a ellos estuvieron estos seres angelicales maléficos.

Película: "Transformers"

Esta película fue hecha por la elite de los Illuminati y su función es mandar mensajes subliminales a la conciencia, preparando las mentes para creer que en un futuro, la humanidad puede ser invadida por alienígenas; además que el hombre puede ser inmortal ya que se están haciendo pruebas genéticas con las células madres y con la nanotecnología, con el objetivo de crear al hombre robot. El ojo que está en la presentación inicial de la película es un símbolo masónico del tercer ojo. Este es el *"ojo que todo lo ve,"* el emblema más relevante por todos los que participan en estas ideología.

Película: Avatar

En el marco del hinduismo, un avatar es la encarnación terrestre de un dios, en particular Vishnú. La palabra también se utiliza para referirse a encarnaciones de Dios o a maestros muy influyentes de otras religiones apartes del hinduismo, especialmente a los adherentes a tradiciones dhármicas cuando tratan de explicar a personajes como Cristo. Los avatares más comunes son las encarnaciones del dios Vishnu, y ellas incluyen al travieso Krishna que toca la flauta y el Rama que carga un arco y fleche. Ambos están representados con piel azul (como los nativos Navi de la película). El símbolo que caracteriza esta película es también "el tercer ojo que todo lo ve," con un alto indice de mensajes subliminales con características ocultistas. Avatar es una mezcla del hinduismo, humanismo, y la diosa de la espiritualidad que es representado por "el animismo," llamada "la madre naturaleza o "madre tierra." La segunda parte será estrenada en el 2016, porque se espera que los efectos tecnológicos sean mucho más intensos, y produzcan mas impacto en los jóvenes. Esta es una película altamente subliminal; lo que propaga es la cultura del hinduismo y se aprecia visiblemente por el color azul de los cuerpos de las personas y de los animales. ¿Qué significa la palabra Avatar? Avatar es un término sanscrito que significa "ascendencia o encarnación" y es la encarnación terrestre de un dios en particular llamado Visnú. Este esta ligado directamente a la encarnación de Dios en una divinidad que posee el poder de la luz divina y la iluminación espiritual. Por lo tanto, se observa en Avatar lo que los ojos físicos no puden ver mas alla de que los ojos espirituales ven, mientras a la vez profundiza y espiritualiza lo mas profundo del ser humano. James Camerón esta haciendo alusión a ese décimo avatar de Visnú, que se manifiesta como un infante de marina de EEUU, en el universo de pandora.

Ellos dicen lo siguiente: "Imagínense un nuevo mundo, visualice la belleza de un mundo que usted no ve, fluya con sus sentimientos, hágase uno con todos, y pueda entrar al mundo de pandora..." Esto tiene que ver con la visualización interior para promover dentro de la mente y conciencia de las personas un mundo irreal.

Los seres de pandora son altos con colas largas, todos ajustados a una red espiritual unificada que enlaza a toda la naturaleza. Ellos cabalgan a través de los cielos sobre aves poderosas, escalan paredes de piedra magníficas, con montañas colgantes, adorando a su diosa, y menospreciando la monstruosidad corporativa que ha invadido su hábitat en busca de recursos de valor incalculable.

Esta película costó $400 millones de dólares, y su fin es acondicionar la mente de los jóvenes al hinduismo y a su práctica.

Isaías 5:20-21 *Hay de los que a lo malo dicen bueno, y a lo bueno malo; que hacen de la luz tinieblas, y de las tinieblas luz.*

Queremos compartir con el lector un comentario excelente acerca de este tema bajo Título en inglés: "The Avatar Gospel" por el escritor **Dave Hunt**.

Después de haber leído docenas de comentarios de la gente joven enamorada de la teología de Avatar, es aparente que su evangelio falso ha encontrado suelo fértil en todo el mundo mientras introduce y atrae a millones de cineastas al chamanismo. James Cameron ha presentado lo que la Biblia llama la "doctrina de demonios" que promociona Satanás, el padre de mentiras y es enseñado directamente por demonios. Las creencias paganas de Cameron son totalmente opuestas a lo que la Biblia enseña. Además, su punto de vista idealista de pureza natural de una tribu indígena como la de Na'vi es pura propaganda. La creencia que el naturalismo produce una vida de armonía y de paz es una mentira propagada por muchos antropólogos y está totalmente en contra de la experiencia de cada sociedad que practica el chamanismo. ¿Cómo puede uno estar tan seguro de esto? Todos los grupos indígnenos están compuestos de personas, quienes, al igual que personas en todo el mundo, son pecadores. Este sentimiento maligno, innato en nuestro ser, es complicado por los espíritus seductivos que quieren engañar y destruir a los humanos y que terminan siendo esclavos de estos espíritus. Ningún antropólogo ha producido una tribu que ha sido la excepción a esta condición destructiva.

Cameron ciertamente tiene todo el derecho de predicar el evangelio chamanista de Avatar. Los Cristianos, sin embargo, necesitan estar al tanto de la propaganda que se les está alimentando. Existe también una falta de discernimiento entre los que se llaman Cristianos y lo que es realmente una traición espiritual y que va a afectar a las nuevas generaciones de creyentes.

Esta falta de discernimiento se manifiesta cuando los supuestamente creyentes tratan de encontrar valores Cristianos en películas que están totalmente en contra del Cristianismo. Esto ha ocurrido en "La Guerra de las Galaxias" y en las serie de películas de Harry Potter y también muchas otras.

tienen una cierta inclinación en tratar de encontrar elementos de Cristo en nuestra cultura, o acomodar el

Cristianismo a la cultura y vice versa. Muchos de ellos quieren santificar y redimir el paganismo de la sociedad, o por lo menos tratan de armonizar y trabajar con todas las religiones. Esto es estopa para el sincretismo y para el ecumenismo. Están contribuyendo a la religión del Anti Cristo. El representante de una de estas organizaciones se tomó bastante trabajo en notar que Moisés no entabló una discusión con los Israelitas para tratar de encontrar algún mérito espiritual en el becerro de oro, ni tampoco Elías, el cual no tuvo ninguna discusión intelectual con los profetas de Baal y tampoco Jesús se molestó en buscar un acomodamiento espiritual con los Fariseos. El tratar de promover un "abrazo de hermandad mundial" entre contradictorias religiones con la intención de resolver los problemas mundiales es una gran ilusión. El profeta Isaías, hablando por Jehová, manifiesta el punto de vista de Dios en una forma que es perfectamente clara: "¡Aténganse a la ley y al testimonio! Para quienes no se atengan a esto, no habrá un amanecer." (Isaías 8:20).

Advertencias en la Palabra de Dios también son bastante claras en el sentido que grandes batallas espirituales están ocurriendo entre nosotros, que estamos en los días de apostasía de parte de la iglesia y que estamos siendo sujetos y siendo atacados por un sentimiento anticristiano que existe en el mundo.

¿Qué entonces debe hacer un creyente? Debemos diligentemente seguir las medidas preventivas que el Señor nos ha indicado en su programa de protección y de prevención y la clave de esto podemos encontrarlo en el Salmo 1.

... Bienaventurado el varón que no anduvo en consejo de malos, Ni estuvo en camino de pecadores, Ni en silla de escarnecedores se ha sentado; Sino en la ley de Jehová está su delicia, Y en su ley medita de día y de noche. Sera como un árbol plantado junto a corrientes de aguas, Que da su fruto en su tiempo,Y su hoja no cae; Y todo lo que hace, prosperará.

Pero indudablemente hay más. Debemos continuar e incrementar nuestras oraciones y nuestras reuniones con creyentes. Necesitamos alinear los vagones en un círculo, para protección espiritual, para consejería, para darnos aliento, para ayudarnos mutuamente y para ministrarnos los unos a los otros. Si tales cosas vienen a formar parte de nuestra disciplinada vida espiritual y aunque la Apostasía triunfe en enfriar y en neutralizar al ambiente espiritual alrededor nuestro, nosotros y nuestras familias seremos productivos para el Señor.

Evidentemente estas películas van en contra de todo lo que la verdad de la Palabra de Dios ha establecido, y poco a poco van sembrando en lo mas profundo del corazón rebeldía contra Dios y su verdad absoluta. La antigua escritura hindú siempre ha reiterado que en cualquier momento en que el mundo este al borde del desastre y la humanidad enfrente la extinción; "el divino señor Visnú" consideraría su deber manifestarse a si mismo, en forma mortal y palpable para salvar a la humanidad del inminente día del juicio final. El avatar esta supuesto a ser el salvador, el mesías de su raza y su pueblo. Tanto los judíos, como islámicos, hindúes, budistas están esperando la manifestación de un mesías, y hacen este tipo de películas para fomentar esta idea. Los cristianos no esperamos un mesías, porque Él ya vino hace dos mil años, murió en la cruz y resucito. Lo que nosotros esperamos es el Rey de reyes y Señor de señores. No olvidemos que en esta película se propaga la espiritualidad de una diosa; ellos dicen que el sentido espiritual de nuestro lugar en la naturaleza puede ser rastreado hasta los orígenes de la civilización del mundo. Al Gore en una ocasión dijo lo siguiente referente al tema: *"que la religión de esta diosa fue ubicada a través de gran parte del mundo hasta los antepasados de las religiones de hoy, y añadió, ...el último vestigio del culto organizado a la diosa fue eliminado por el cristianismo fundamentalista. Parece obvio que un mejor entendimiento de una herencia religiosa que precedió a la nuestra por tantos miles de años podría ofrecernos nuevas revelaciones."*

Jeremías 23:16: *Esto dice el Señor de los Ejércitos Celestiales a su pueblo: No escuchen a estos profetas cuando ellos les profeticen, llenándolos de esperanzas vanas. Todo lo que dicen son puros inventos. ¡No hablan de parte del Señor.* Muy pocos se dan cuenta que a través del "paganismo" yacen las mismas tendencias humanas que siempre han traído dolor y destrucción a todas partes del mundo, así como, codicia, violencia, competencia, y guerras. La única solución que funciona es confiar y seguir a Dios en todos los días de nuestra vida.

¿Que logran hacer todas estas películas en **las persona? Y ¿Cuál es la intención de satanás de producirlas?**, **llenar la mente con visiones ocultistas, que de seguro inmunizara a las masas del mundo entero en contra de la verdad de Dios.**

No podemos decir: "esto está correcto" y participar así de las obras infructuosas de las tinieblas. El mundo ha decidido compro-meter las verdades de Dios combiándola por una imaginación falsa.

Génesis 6:5 *"El Señor vio la magnitud de la maldad humana en la tierra y que todo lo que la gente pensaba o imaginaba era siempre y totalmente malo."*

Las películas de hoy y los juegos de las computadoras, juegan con la imaginación de los niños y esto abre una caja de pandora llena de ocultismo, de paganismo y esclavitud espiritual.

Colosenses 2:8 *No permitan que nadie los atrape con filosofías huecas y disparates elocuentes, que nacen del pensamiento humano y de los poderes espirituales de este mundo y no de Cristo.*

Película: Los Pitufos

Fueron creados por un caricaturista de origen belga, conocido popularmente como "peyo," en 1958. Esta película es producida para propagar en el mundo entero, el concepto del hinduismo pintando sus personajes con el color azul. Adicionalmente, cada uno de estos personajes tiene nombres de espíritus demoniacos. Es de entender que cada pitufo representa un pequeño genio (representa un espíritu de maldad). Veamos un ejemplo: Goloso es la gula, Fortachón la soberbia, Perezoso la pereza, Egoísta la avaricia y Vanidoso la vanidad. Pitufina es la lujuria y Filósofo, que en algunos momentos intenta suplantar a Papá pitufo y aprender todo lo que sabe él, es la envidia.

Esto lo que quiere difundir es que una verdad parezca mentira y viceversa. Es lo que se llama la verdad relativa, y tiene que ver con que *lo que para ti sea verdad para mi no lo sea*. La idea es que para que la sociedad crea en una mentira, repita constantemente esa falsedad hasta que se vuelva una moda y sea aceptado por todos. El movimiento de la Nueva Era esta promoviendo esta teoría con la abilidad de repetir y repetir las cosas, hasta que la gente se acondicione y crea que es verdad.

Debemos meditar en la Palabra y confiar en ella. En ningún lugar de la Biblia dice que tenemos que repetir una y otra vez para que las cosas se logren, la Palabra es verdad y la verdad me hace libre, sólo se debe de creer tal como esta escrita y actuar en fe sobre ella. Todas esta películas son una invasión maligna para dañar la fe de los creyentes débiles que no perciben el mundo espiritual e ignoran lo que se mueve hoy en día en el mundo. Estas promueven violencia y saturan las mentes de tendencias ocultistas para inmunizar y desviar a millones en contra de la Verdad de Dios. El es real y verdadero esto es por completo incompatible con la fantasía mística y ocultista. Siempre ha existido y hoy mas que nunca de observar a las personas, elegir y negar las verdades de Dios con sus propias imaginaciones.

Jesús declaró que la condición moral de la humanidad seria como en los días de Noé:

...que todo designio de los pensamientos del corazón de ellos era de continuo solamente el mal. Génesis 6:5

Similares condiciones son las que hoy prevalecen y mas cuando vemos que Jesús se acerca en su segundo advenimiento.

*La Palabra de Dios establece una advertencia de suma importancia y es la siguiente: Mirad que nadie os engañe por medio de filosofías y huecas sutilezas, según las tradiciones de los hombres, **conforme a los rudimentos del mundo**, y no según Cristo. Colosenses 2:8*

8

Tatuajes con Simbologías

No haréis rasguños en vuestro cuerpo por un muerto, ni imprimiréis en vosotros señal alguna. Levíticos 19:28

Tatuajes con simbologías, utilizados como marcas en el cuerpo. La mayoría de las personas han llegado a pensar que todo lo referente a los tatuajes es algo de este tiempo, sin embargo, en realidad esto es una práctica de hace miles de años atrás.

El origen de la palabra tatuaje se dice que deriva de la palabra *Ta* del Polinesio que significa *"golpear,"* o de la antigua práctica de crear un tatuaje por medio del golpe de un hueso contra otro sobre la piel, con el consiguiente sonido *"tau-tau."* La palabra latina para tatuaje es: *estigma*, el significado de esta palabra tiene las siguientes definiciones:

- Marca o señal en el cuerpo.
- Marca hecha con un instrumento afilado.
- Marca para reconocimiento hecha en la piel de un esclavo o criminal.
- Marca impuesta con hierro candente, bien como pena infamante, bien como signo de esclavitud.

Los ejemplos más antiguos que tenemos del tatuaje en la actualidad son las momias que se han encontrado en excavaciones, que aparecen tatuadas. El cuerpo tatuado más antiguo fue la sacerdotisa egipcia Amunet, adoradora de Hathor, diosa del amor y la fertilidad. Ella vivió en Tebas alrededor del 2000 A.C., sus tatuajes eran lineales, con diseño de puntos y rayas.

Siempre los tatuajes egipcios estaban relacionados con el lado erótico, emocional y sensual tanto de hombre como de mujeres. En Egipto esto Representaba un ritual que era realizado exclusivamente en su mayoría por las mujeres. Era un proceso doloroso, que la mayoría de las veces se usaba para demostrar valentía o confirmar la madurez, en la misma forma que todavía se puede observar en los rituales de las tribus de Nueva Zelanda.

Por ejemplo, Borneo es uno de los pocos lugares donde se practica actualmente la forma tradicional del tatuaje tribal, como lo fuera hace miles de años atrás. El tatuaje recuerda al arte de la isla Bali y Java, y los instrumentos de tatuaje son similares a los usados en Polinesia. Los hombres se tatuaban a temprana edad, principalmente como medio de ornamentación. El tatuaje de la Polinesia fue el más artístico en el mundo antiguo. Era muy característico por los diseños geométricos elaborados detalladamente, que usualmente eran embellecidos y renovados durante toda la vida de la persona, hasta llegar a cubrir todo el cuerpo.

Se decía antiguamente que el tatuaje se usaba para impresionar y asustar a los enemigos en el campo de batalla. Como fuera utilizado por antiguas poblaciones de las Islas Británicas, cuyos guerreros tatuaban sus caras y cuerpos para estar preparados para la guerra. No solamente lograban asustar a sus enemigos, sino que consiguieron que otros también lo hicieran estas costumbres venían de las raíces celtas y latinas con significados vinculados al tatuaje.

Los tatuajes se usaban también como castigo, y las personas acusadas de sacrilegio debían ser tatuadas, debido a esto, los médicos griegos y romanos empezaron a practicar la remoción de tatuajes. (Algo de notar aquí es que lentamente el tatuaje de esclavos y criminales fue desplazado a medida que se extendía el cristianismo en el Imperio Romano). Los cristianos eran hostiles y resistían firmemente esta práctica, ya que creían que si Dios había creado al hombre a su imagen y semejanza, era pecaminoso que el hombre tratara de alterar su imagen, a tal punto que se llegó a prohibir esta práctica. O sea, que la actitud negativa contra el tatuaje tuvo su origen con esta posición firme, y luego más tarde esta posición fue adoptada por otras naciones.

A pesar de esto, existen registros de que los guerreros religiosos de Las Cruzadas se hacían tatuar crucifijos para asegurarse un entierro según ellos "cristiano."

También los peregrinos que iban a Jerusalén se hacían tatuar crucifijos para recordar su viaje y como evidencia de su religión. Esto no era sino una sutil artimaña de las tinieblas para que esas prácticas volvieran a ser adoptadas nuevamente. Todo esto nos indica la habilidad de engañar que siempre ha tenido Satanás.

> **Esto cada vez esta siendo aceptado como algo normal y moderno, sin tener en cuenta que esto va contrario a las enseñanzas de la Palabra de Dios.**

En Norte América vemos esto unido con prácticas religiosas y mágicas, siendo este un rito simbólico del pasaje a la pubertad y una marca única que permitiría que el alma superara los obstáculos en su camino a la muerte. Muchas tribus practicaban el tatuaje, cuya ceremonia era acompañada por canciones y danzas que según creían, invocaban a los demonios. El tatuaje era una práctica común entre los nativos de América Central. Los nativos tatuaban en sus cuerpos las imágenes de sus dioses, mientras que los guerreros conmemoraban sus victorias en la batalla por medio de los tatuajes.

No haréis rasguños en vuestro cuerpo por un muerto, ni imprimiréis en vosotros señal alguna.
Levíticos 19:28

El tatuaje incaico estaba hecho por diseños gruesos y

abstractos que se asemejaban a los tribales actuales. En muchas culturas, los animales son el tema más frecuente y están asociados tradicionalmente con la "magia Tótem." El deseo del que se tatúa es identificarse con el espíritu del animal que escoge. La práctica del tatuaje comenzó a ser utilizada por los exploradores.

Banks, artista científico que navego junto al Capitán Cook, describió en detalle en 1769, el proceso del tatuaje de la Polinesia. Los marineros de Cook iniciaron la tradición de los hombres de mar tatuados, y propagaron rápidamente esta práctica entre los marineros, quienes aprendieron el arte de los polinesios expertos en tatuajes, lo practicaron a bordo y luego instalaron sus estudios de tatuaje en los puertos. Los miembros de la clase alta y clase media, lo consideraban por debajo de su dignidad, y nunca fue popular entre los nobles de Inglaterra. En América, donde había existido desde siglos atrás, sólo tuvo eco masivo durante la Guerra Civil.

Las ferias mostraban sus personajes tatuados, y se propagó rápidamente al igual que en Europa, teniendo gran eco entre los personajes de alta alcurnia. Alrededor del 1900 en Estados Unidos, existían centros de tatuaje en casi todas las ciudades importantes. Más Dios desde los tiempos del Antiguo Testamento da una gran advertencia a su pueblo diciendo:

...ni en su carne harán rasguños. Levíticos 21:5

La Biblia prohíbe los tatuajes. Está escrito. *No grabaréis tatuajes sobre vosotros. Levítico 19:28* De modo que, de acuerdo al entendimiento bíblico, las imágenes no deben ser tatuadas o marcadas en el cuerpo, además por ser costumbres paganas. No existe pauta alguna que indique que este mandamiento no esté vigente para los cristianos en el día de hoy. Por eso, es trágico que organizaciones religiosas como la EC y el Círculo Misionero de Asociaciones Juveniles, en su reacción con respecto a los tatuajes, por lo menos no lo hayan rechazado. Por años se ha podido observar el desplazamiento de la palabra bíblica por la cultura pop "cristiana." Por tanto no es sorprendente que los evangélicos defiendan los tatuajes. ¿Cuándo comprenderemos los cristianos, que Dios no encuentra agrado alguno en nuestra manera de llamar la atención y que únicamente la Palabra puede cambiar radicalmente las personas? ¿Cuándo nos daremos cuenta qué de este modo estamos llevando el mundo a la iglesia, mientras qué el mundo no tiene interés alguno en ella? El mejor comentario sobre este anuncio publicitario no vino de los cristianos, sino del diario "El Mundo" y decía: Temo, que aquí, será el mundo el que proclamará el evangelio, mientras que los cristianos proclamarán al mundo.

Los Tatuajes en Auge, Hoy en Día

Se calculan en millones los jóvenes que se han tatuado y siguen haciéndolo, esto sin lugar a dudas es algo que va en aumento cada día. La variedad de las simbologías tatuadas en los cuerpos de las personas, son de muchas variedades, es más, se ha llegado a publicar que varían en miles. Estos consisten en: dragones, serpientes, monstruos horribles, calaveras, espectros de la muerte, imágenes de dioses, cruces invertidas y quebradas, sirenitas, escritura China, símbolos y mucho más por supuesto.

Los tatuajes también tienen que ver con nombres de demonios, basados todos ellos en el espíritu de iniquidad, provocando rebelión en los seres humanos, atrapándolos cada vez más en las corrientes impetuosas del engaño. Hoy en día esta práctica esta proliferando de una forma cada vez mayor, y esto es el resurgimiento de las antiguas costumbres saturadas de paganismo. Hoy se presentan bajo el nombre del esoterismo y otras terminologías actuales, pero en el fondo son la misma perversión e iniquidad del pasado. Si tú eres una persona que has aceptado a Jesucristo como tu Señor y Salvador personal en tu vida, y tienes tatuajes, esas figuras, no tienen ya ninguna relación con tu nueva vida. La mayoría de los que se lo hacen son gente de ideologías liberales y jóvenes, por lo general que les gusta seguir la

Pide información, porque hoy existe la posibilidad de quitarte esos tatuajes, e inclusive en algunos lugares lo hacen gratis. Hoy la ciencia ha avanzado mucho, de tal manera que existe la técnica específica para ello.

corriente de otros, sin estar totalmente informados de lo que significa. Incluso, hoy en día se está poniendo de moda el *"branding,"* donde las personas resisten cuando una especie de sello es colocado sobre alguna parte del cuerpo calentando a una temperatura muy elevada, de manera que queda impreso sobre la piel.

Para personas que aún son de una contextura más fuerte, utilizan el *"tuckering,"* lo cual es el perforar la piel con abrazaderas metálicas. Satanás quiere esclavizar como en el pasado a las personas y someterlas a cautividad espiritual, utilizando esta forma de proceder. Hoy te animamos si te has envuelto en una de estas prácticas, a que renuncies a ellas en el Nombre de Jesucristo y seas libre de toda influencia maligna.

Ritos y Cabezas Rapadas

Hijos sois de Jehová vuestro Dios; no os sajareis, ni os raparéis a causa de muerto. Deuteronomio 14:1

Y no se raparán su cabeza, ni dejarán crecer su cabello, sino que lo recortarán solamente. Ezequiel 44:20

Es muy común ver hoy en día, la moda de las cabezas rapadas o afeitadas, no debemos de olvidar que esto también era una práctica realizada por los sacerdotes de Egipto, por ejemplo: **los sacerdotes de Isis llevaban la cabeza afeitada y tatuajes en su cuerpo.**

La mayoría de las religiones orientales como los budistas, llevan hasta hoy la práctica de raparse totalmente la cabeza. Esto es adoración al **dios sol** conocido antiguamente por el nombre de dios Rahab, también como Baal.

También la asociación mundial para la Conciencia de Krishna, una de tantas sectas, tienen la obligación de raparse la cabeza y dejarse una coleta en caso de los varones Los adeptos, además, deben llevar un collar de 108 cuentas, cada una representando el mantra "Hare Krishna." El ciclo completo debe repetirse 16 veces al día, lo que significa repetir 1,728 oraciones diarias.

El Señor dijo: Y orando, no uséis vanas repeticiones, como los gentiles, que piensan que por su palabrería serán oídos. Mateo 6:7. Hoy en día se vende pulseras budistas con cuentas de diferentes colores, para distintos estados de ánimos y respuestas según la persona quiera.

La humanidad viene arrastrando desde tiempos antiguos y de civilizaciones marcadas por el paganismo y ocultismo, el realzar el culto al propio cuerpo.

Morirán en esta tierra, grandes y pequeños; no se enterrarán, ni los plañirán, ni se rasgarán ni se raerán los cabellos por ellos; ni partirán pan por ellos en el luto para consolarlos de sus muertos; ni les darán a beber vaso de consolaciones por su padre o por su madre. Jeremías 16:6-7

Con referencia a esto, la Biblia nos menciona un ejemplo muy particular y conocido: *Y aconteció que, presionándole ella cada día con sus palabras e importunándole, su alma fue reducida a mortal angustia. Le descubrió, pues, todo su corazón, y le dijo:* **Nunca a mi cabeza llegó navaja**; *porque soy nazareo de Dios desde el vientre de mi madre. Si* **fuere rapado**, *mi fuerza se apartará de mí, y me debilitaré y seré como todos los hombres. Viendo Dalila que él le había descubierto todo su corazón, envió a llamar a los principales de los filisteos, diciendo: Venid esta vez, porque él me ha descubierto todo su corazón. Y los principales de los filisteos vinieron a ella, trayendo en su mano el dinero. Y ella hizo que él se durmiese sobre sus rodillas, y llamó a un hombre,* **quien le rapó las siete guedejas de su cabeza**; *y ella comenzó a afligirlo, pues su fuerza se apartó de él. Jueces 16:16-19*

El hecho de no raparse la cabeza, estaba también asociado con su consagración a Dios. La moda de hoy habla por si misma de la condición del hombre. Hoy en día, como nunca antes, es evidente la proliferación de tatuajes grabados en la piel, perforaciones en el cuerpo, hasta cicatrices hechas intencionadamente, marcando determinadas partes de cuerpo. Es lo que de acuerdo a la sociedad de nuestros días, está a la moda, utilizando estos métodos para embellecer o realzar el cuerpo.

Lo preocupante de todo esto es en que forma tan sutil, estas costumbres van penetrando dentro del ámbito cristiano; especialmente de aquellos que profesan haber conocido a Cristo, pero con sus hechos, hábitos y conductas niegan consecuentemente la realidad del mismo. Estos estilos de moda, cada vez están siendo aceptados como algo normal y moderno, sin tener en cuenta que esto está en contra a las enseñanzas de la Biblia.

9

¿Qué Acerca de los Piercings?

"entonces tomarás una lesna, y horadarás su oreja contra la puerta, y será tu siervo para siempre; así también harás a tu criada." Deuteronomio 15:17

Ahora está de moda el perforarse distintas partes del cuerpo con diferentes metales, y cada uno de ellos representa cosas diferentes. Es normal cada vez ver más jóvenes varones con pendientes o aretes en las orejas, sin saber el mal que esto representa, y de que forma inconsciente se abre los oídos para oír la voz de Satanás.

No sólo esto, sino también el perforarse la lengua, la nariz, la cara, los labios, el ombligo y distantes partes del cuerpo, con metales, todo esto son prácticas ancestrales y demoníacas, degradando consecuentemente a las personas que lo practican.

Un periódico secular decía lo siguiente: *"Un arete traspasando la nariz, el ombligo o en el área intima está 'de moda'."*

Los pendientes en los hombres son cada vez más impuestos y utilizados por la juventud, y no sólo en ellos sino inclusive niños y adolescentes. Yo recuerdo que cuando mi hijo menor nació, la enfermera me preguntó:

-¿Quiere que se le agujere el óvulo de la oreja de su

bebe, para colocarle, pendientes? A lo que yo le respondí: -¿es que Ud., no se dio cuenta que mi hijo es un varón?- sí, me contestó ella, "pero es que hoy en día esto está de moda." Es lamentable ver, como este tipo de prácticas se viene imponiendo sutilmente, dentro de la sociedad. A la vez es preocupante como muchos llamados creyentes se dejan llevar por esta "moda." Cuando apareció esta moda, fue en los años 60, para ese tiempo los homosexuales comenzaron a utilizar pendientes en las orejas, llegando inclusive a ser esta práctica, su forma de identificarse.

Analizando Bajo la Perspectiva Bíblica

En los tiempos del Antiguo Testamento, a un esclavo que era propiedad de un determinado amo o señor, como identificación **se le horadaba la oreja con una lesna o punzón** (Deuteronomio 15:17).

El esclavo hebreo era liberado tras seis años, y debía ser enviado con generosas provisiones. Si se negaba a irse, se le agujereaba la oreja con un punzón frente a la puerta, y permanecía como esclavo hasta el año del jubileo. Jesús habló en forma directa mostrando a la luz, quien es realmente el personaje que ata y esclaviza a los seres humanos, el que desde un principio, es mentiroso, este es Satanás, "el dios de este siglo."

Dijo entonces Jesús a los judíos que habían creído en

él: Si vosotros permaneciereis en mi palabra, seréis verdaderamente mis discípulos; y conoceréis la verdad, y la verdad os hará libres. Le respondieron: linaje de Abraham somos, y jamás hemos sido esclavos de nadie. ¿Cómo dices tú: seréis libres? Jesús les respondió: De cierto, de cierto os digo, que todo aquel que hace pecado, esclavo es del pecado. Juan 8:31-34

"en los cuales el dios de este siglo cegó el entendimiento de los incrédulos, para que no les resplandezca la luz del evangelio de la gloria de Cristo, el cual es la imagen de Dios" 2 Corintios 4:4

En La Palabra, Dios nos muestra que El mismo prohibió desde tiempos antiguos hacerse incisiones en la piel. No cabe la menor duda, que estas son las actuales prácticas que hoy en día estamos viendo.

Y no haréis rasguños en vuestro cuerpo por un muerto, ni imprimiréis en vosotros señal alguna. Yo Jehová. Levítico 19:28

"No harán tonsura en su cabeza, ni raerán la punta de su barba, ni en su carne harán rasguños" Levítico 21:5

Es evidente que todas estas prácticas que Dios prohíbe a su pueblo, eran prácticas ritualistas que se llevaban a cabo por los pueblos y naciones paganas. No sólo esto, sino que también las mismas, tenían que ver con la memoria de los muertos, (una especie de luto e invocación de los espíritus de los muertos).

Cuando Dios prohibió esto a su pueblo, Él dio una advertencia directa; y es que Él mismo, no aprobaba ningún tipo de desfiguración del cuerpo. Jehová dejó claramente demostrado que tanto las incisiones, las perforaciones en el cuerpo, como los tatuajes, **se identificaba directamente con los ritos paganos.** Toda practica relacionada con hacerse incisiones o perforación en la piel, sea en la cara, la lengua, o cualquier parte del cuerpo, como asimismo llevar cadenas en los tobillos, muchas veces eran expresiones de luto por los muertos, y éstas eran conocidas dentro del ambiente pagano.

No sólo esto representaba una reverencia al muerto, sino que a la vez era una especie de invocación y acercamiento con los dioses que reinaban sobre la muerte.

El tiempo que los hijos de Israel habitaron en Egipto fue cuatrocientos treinta años. Y pasados los cuatrocientos treinta años, en el mismo día todas las huestes de Jehová salieron de la tierra de Egipto. Éxodo 12:40-41

No nos olvidemos que Israel estuvo 430 años bajo esclavitud en Egipto, en todo este tiempo Israel absorbió muchas prácticas y rituales de este imperio. Dios le advierte cuando están camino a la tierra prometida, (porque existía el peligro de que ellos volvieran a reincidir en esto) que era abominación ante Su Presencia.

...que venían unos hombres de Siquem, de Silo y de Samaria, ochenta hombres, raída la barba y rotas las ropas, y rasguñados, y traían en sus manos ofrenda e incienso para llevar a la casa de Jehová. Jeremías 41:5

Porque toda cabeza será rapada, y toda barba raída; sobre toda mano habrá rasguños, y silicio sobre todo lomo. Jeremías 48:37

En estos textos nos revela la forma como Dios estableció juicio a consecuencias de estas prácticas. Hoy se levanta la voz de Dios de advertencia, como en tiempos antiguos, trayendo una palabra de exhortación, para que todo fiel cristiano, y en especial, aquellos que son jóvenes, a que se aparten de todas estas prácticas que son desagra-dables ante los ojos de Dios.

"Y ellos clamaban a grandes voces, y se sajaban con cuchillos y con lancetas conforme a su costumbre, hasta chorrear la sangre sobre ellos." 1 Reyes 18:28

El hacerse perforaciones en la piel, era algo que estaba íntimamente ligado con los ritos y supersticiones de los concepto paganos religiosos. Esto lo vemos demostrado aún en los profetas de Baal y Asera, cuando éstos se cortaban, y herían sus carnes, entrando en estado de trance, cuando fueron desafiados por el profeta Elías.

Las Prendas de Níquel

A pesar de la normativa muchos de los que ofrecen *piercing* (lo cual significa perforar) siguen utilizando pendientes con alto contenido de níquel que muchas veces producen alergias. El motivo es que muchas personas sufren reacciones alérgicas a este peligroso metal pesado. Los dermatólogos han estado advirtiendo que la alergia al níquel se esta propagando debido a la moda del *piercing*.

La mayor parte de pendientes que se colocan en orejas, nariz y ombligos, contienen una alta cantidad de níquel, que producen diferentes tipos de reacciones a la piel. Es increíble que hoy en día hasta los bebes llevan pendientes y los jóvenes de hoy decoran sus ombligos o nariz con un *piercing*. Las consecuencias de estas modas implantadas progresivamente producirán mayores alergias, lo cual queda demostrado que los efectos son dobles espiritual y física. A pesar de que se sabe que muchas personas son alérgicas al níquel, cada vez más mujeres y hombres jóvenes se perforan con esta decoración corporal que se ha puesto de moda. Una vez que se contrae la alergia al níquel, esta permanecerá durante el resto de la vida, advirtió Andrea Cadotsch, este dermatólogo fue quien inicio el proyecto para la prevención de la alergia al níquel. Lo mismo ocurre con los agujeros pequeños para los pendientes, que mucha gente considera inofensivos.

  Stephan Lautenschlager, médico jefe del ambulatorio dermatológico en el Hospital Triemlispital de Zurich, considera preocu-pante que los padres, a pesar del riesgo de contraer una alergia, perforen los lóbulos de las orejas de niños cada vez más pequeños. Uno de cada cuatro portadores de pendiente sufre de una infección con supuración. Dicho dermatólogo también conoce casos de serias infecciones o grandes cicatrices debidas al *piercing*. También son problemáticos los piercings en el borde de la oreja donde se perfora a través de cartílagos.

En el piercing de nariz podría aparecer una reacción a cuerpos extraños con infecciones y formación de nudos. Los dentistas advierten que las perforaciones con metales en la barbilla, los labios o dentro de la boca y los que llevan un piercing en la lengua, han de contar con inflamaciones, mayor secreción de saliva y problemas de habla, los cuerpos extraños en la boca pueden dañar las encías y los dientes. Es de notar que todo este tipo de práctica en auge hoy en día, era lo que en tiempos antiguos se utilizaba para marcar a los esclavos, en procedimientos de torturas, como los empleados en el tiempo de la inquisición y en otras horrorosas persecuciones que se han desatado a través de la historia de la humanidad. Todo esto es un estilo de vida que va siendo acondicionada para que la iniquidad se manifieste con más intensidad cada día.

Como ya hemos mencionado muy claramente en el libro "Globalización y su Cumplimiento Profético," todo esto prepara a la sociedad de nuestros días, para que en un futuro pueda ser aceptada la marca que nos habla el libro de Apocalipsis, capítulo 13.

El conocer lo que la Biblia nos enseña no es una elección sino una necesidad diaria.

Hoy se levanta la voz de Dios en advertencia, como en tiempos antiguos, trayendo una palabra de exhortación, para que todo fiel cristiano, y en especial aquellos que son jóvenes, estén dispuestos apartarse de todas estas practicas que son desagradables a los ojos de Dios.

10

¡Libres, No Esclavos!

Yo sanaré su rebelión, los amaré de pura gracia; porque mi ira se apartó de ellos. Oseas 14:4.

Si el Hijo os libertare, seréis verdaderamente libres. Juan 8:36

Dios es el que establece el propósito de cada ser humano antes de nacer. Ya los planes fueron trazados en la voluntad y destino divino, pero muchos son los que no alcanzan a completar los propósitos establecidos. ¿Cuál es la razón entonces, que las personas salvas, viven constantemente en decaimiento, frialdad espiritual y desánimo las cuales les impiden buscar a Dios? Estas personas son propensas a caer bajo un espíritu de opresión, que ni siquiera ellos lo perciben, porque han adoptado una forma o patrón de vivir acondicionada a la mediocridad.

La respuesta es que hay una **iniquidad sin quebrantar** que impide, como una barrera el desarrollo total de los planes divinos. Es necesario tener deseos de cambios y buscar de Dios para conocer si hay o no un estancamiento, un impedimento que hace que los dones y la fluidez de Dios no se desarrollen a plenitud. Evidentemente hay algo que esta reprimiendo el plan original de Dios que se manifieste a totalidad. Los hijos de Dios necesitan quebrar el vaso, entresacar lo precioso de lo vil y romper la iniquidad para ser libres tal como Dios lo estableció, y cuando eso acontece se cumple su palabra: … *…si el Hijo os libertare, seréis* *verdaderamente libres*. Juan 8:36

Dios revela a Moisés la forma para ser libres de Iniquidad. Cuando Dios se reveló a Moisés lo hizo con todo su esplendor, en diferentes formas, con maravillas y portentos. El tuvo la oportunidad de verlo y oír su propia voz hablando audiblemente. En una ocasión Dios mismo descendió al monte Sinaí y habló con Moisés; escribiendo con su propia mano los 10 mandamientos para la humanidad. A pesar de encontrar Moisés un pueblo lujurioso y desenfrenado por la idolatría, Dios no deja a su escogido sólo con su inmensa carga por el pueblo, inmediata- mente Dios vuelve nuevamente a citarlo al Monte Sinaí.

Y pasando Jehová por delante de El proclamó: ¡Jehová! ¡Jehová! fuerte, misericordioso y piadoso; tardo para la ira, y grande en misericordia y verdad; que guarda misericordia a millares, **que perdona la iniquidad, la rebelión y el pecado,** *y que de ningún modo tendrá por inocente al malvado; que visita la iniquidad de los padres sobre los hijos y sobre los hijos de los hijos, hasta la tercera y cuarta generación. Éxodo 34: 6-7*

Moisés percibe la revelación del concepto de Dios con respecto a la Iniquidad, rebelión y pecado. Dios le habla cosas bien importantes, y le deja en claro su posición, (nadie, excepto Dios mismo, podía haber hablado de esa forma). Moisés desde la hendidura de la peña entiende perfectamente la voz de Dios:

◇ Jehová es santo y no hay rebelión en Él. (DIOS SANTO)

◇ Prorroga el tiempo, al máximo posible, para no derramar prontamente su ira, pero se apresura para conceder rápidamente su infinita misericordia y compasión a quien le pide. (DIOS AMOROSO)

◇ Sólo Él puede perdonar la iniquidad, la rebelión y el pecado de su pueblo. Él perdona a todos aquellos que conocen su nombre y andan en sus caminos y sus preceptos, a los que se humillan y se arrepienten de sus desobediencias de todo corazón. (DIOS PERDONADOR)

◇ Pero de ningún modo tendrá por inocente al malvado porque Él va a visitar la iniquidad, hasta la tercera y cuarta generación. (DIOS DE JUSTICIA Y JUICIO)

> Tres son las palabras que Dios usa para remarcar la maldición generacional. Rebelión, Iniquidad y Pecado.

◇ **La palabra rebelión** viene de la palabra hebrea /*pesha'*/ que significa transgresión, traspasar una puerta sin permiso. **Entrar en rebelión es:** desafiar la orden Divina, ser obstinado, terco, testaduro. Persona de corazón fluctuante, cuyo espíritu no se mantiene fiel a Dios, no esta dispuesto a escuchar a Dios ni ser corregido, ni se acerca a El. **Rebelde** entra dentro de la categoría del necio insensato y desobediente.

◊ **La palabra Iniquidad,** es pervertir, torcer, desviar, distorsionar y eso es lo que en un principio hizo la serpiente en su diálogo con Eva, distorsionar la palabra que Dios le había dado a Adán.

Ella decidió creer que la serpiente le estaba diciendo la verdad y que había comprendido mal a Dios, no discerniendo ni entendiendo lo que estaba haciendo. Aparentemente no fue una rebelión contra Dios, sino una seducción y un engaño que le hicieron creer que su acción era la correcta. Esto nos confirma que Eva fue engañada y al comer, junto con Adán, entro en trasgresión directa ¿Qué es lo que tuerce la verdad? El espíritu de hechicería que se mueve a través de la iniquidad. Cuando las ideas se distorsionan, cuando hay confusión en las mentes es que se esta activando un espíritu de hechicería.

Cualquier creyente que se aferra a un pecado secreto o cualquier cosa contraria a la Palabra de Dios, ¡no podrá oír la verdadera voz de Dios hasta que haya un arrepentimiento genuino.

Eso fue lo que se engendró por la serpiente en la mente en Adán y Eva. De esa distorsión dio a luz, el fruto que fue el pecado. ***La iniquidad es la causa, el pecado es el efecto.***

...que visita la iniquidad de los padres sobre los hijos... Queremos enfatizar, que la palabra **"visita"** en arameo es /*paqad*/ que significa: poner atención, observar, mirar, pasar y revisar, prestar atención a la iniquidad, observarla o atender. También: castigar la iniquidad. Vemos entonces que Dios *presta atención* a la iniquidad que no fue perdonada, aquella que no fue cubierta, que nunca se pidió perdón por la misma. Es como una herida que siempre está abierta sin cicatrizar y Dios continuamente la ve. Por lo tanto es una iniquidad que pasa de generación a generación. Esta transgresión debe ser cancelada. Hay que llevarla a la cruz del calvario y abolirla.

◊ **La palabra pecado** es /*jamartia*/ errar el blanco, y /*jamartema*/ denota un acto de desobediencia a la ley divina. De ahí el hijo de Adán, Caín, se hizo "inicuo" /*anomia*/ que significa "carencia de ley," sin ley, maldad. Se traduce iniquidad que significa literalmente injusticia. De la palabra inicuo, que es maldito, sale la palabra Belial.

Podrás saber más sobre este tema en el libro de los mismos autores bajo el titulo "Descubriendo a Belial dentro de la congregación de los santos." El engendro de la iniquidad se manifestó en aquel que odió y mató a su hermano. Por eso Adán, al desobedecer produjo dentro de sí la iniquidad, que es lo pervertido y lo torcido dentro del corazón del hombre que ha pasado de generación en generación. La suma de los pecados empieza a torcer el camino del hombre y la maldad pasa de generación en generación.

La maldad es el origen de la semilla mala, de todo pecado que existe en la tierra. Porque hay semilla buena y semilla mala. La mala, aunque se arranca vuelve a surgir. Esta semilla de maldad se generó en el corazón de Lucifer y fue injertada en el hombre Adán a través del pecado, pasando a la humanidad, la Biblia habla de eso como el "misterio de iniquidad." El castigo viene para las personas que insisten en pecar. Iniquidad es oír pero no cambiar, estar dentro de la congregación de los santos y hacer maldad.

Dios no puede ser burlado: pues todo lo que el hombre sembrare, eso también segará. Gálatas 6:7

¿Desde la Cuarta Generación?

Algunos se han preguntado, ¿Qué tengo que ver yo con lo que hizo Adán y Eva? La iniquidad ha pasado a la humanidad y hasta que no sea redimida o cortada en tú vida, tú vas a ser de una u otra manera afectado. Explicaremos esto con mas detalle: Quizás una abuela o abuelo practicó brujería,

idolatría o consultó con los adivinos; los demonios buscan incorporarse en los primogénitos o en aquello que el brujo consagro al espíritu guía o familiar. Esa iniquidad está todavía operando hoy ya que los demonios buscaran (como derecho legal) su nuevo candidato para operar.

Tenemos otros ejemplos: Muchas madres han consagrado sus hijos a la santería, a un ídolo o a una virgen. Abuelos que practicaron la brujería consagraron sus nietos a los demonios, otras veces lo han sido desde el vientre de la madre. Estos niños han sido cautivos por dicha potestad. Por eso hay que cortar todo pacto antagónico de maldición que ha pasado a la generación presente para que no detenga la victoria total en las vidas para que no pase a los hijos. (Es conveniente pasar por liberación para ser libres y romper toda maldición). Dios es tardo para la ira y lento para castigar, pero dice que no va a dejar inocente al pecador y va a visitar la iniquidad, es decir, la va a tener presente hasta que la redención de la sangre de Jesús, la quite para siempre. ¿Cuándo la quita? Cuando realmente hay arrepentimiento por toda la iniquidad del pasado que pudo haber quedado sin redimir aún.

Esto no es un juego; la genuina y verdadera relación personal con Dios es una verdad que se debe considerar con reverencia y en conciencia clara.

El Arrepentimiento es la Puerta al Perdón

Hay una diferencia **entre iniquidad y pecado.** El pecado es cubierto por la sangre de Jesús pero la iniquidad viene acompañada de juicio. El juicio es lo que Dios preparó para la Iniquidad, el juicio es **la rectitud de Dios** hacia el pecador. La mente del hombre se ha ido torciendo de los mandamientos de Dios, y se han ido degradando progresivamente hacia todo acto de inmoralidad. En la Iglesia también se ha filtrado la modalidad de que a lo *"bueno le dicen malo y a lo malo le dicen bueno"* (Isaías 5:20).

Sólo predicando la verdadera Palabra se expone abiertamente a todo espíritu de maldad. La Palabra de arrepentimiento predicada con el fuego de Dios, enfurece al enemigo y se manifiesta a través de un espíritu como el de Herodías, que mandó ejecutar a Juan el Bautista, el cual predicaba con la unción del profeta Elías. Predicar bajo esta unción hace que salga a la luz todo encantamiento y presión mental limpiando los corazones del camino torcido que ha adoptado. De manera que se establezca la autoridad divina para que el Espíritu Santo pueda comenzar a obrar en una forma diferente, haciendo que la persona camine en victoria, conociendo quién es en Cristo.

Antes de nacer de nuevo, es necesario pasar por la puerta del arrepentimiento. Este es el camino para entrar a la salvación. Jesucristo es el camino a Dios; en toda su totalidad en su muerte y en su resurrección. No basta con repetir una oración, es necesario entrar en el cambio de vida. La palabra arrepentirse en griego es /*metanoeo*/ que quiere decir **cambio de mente**. Jesús mismo lo dijo: *Os es* *necesario nacer de nuevo* (Juan 3:7).

Es una necesidad el cambiar de forma de vida. La persona que ha cambiado es porque ha tenido un encuentro con el arrepentimiento genuino. Se puede confrontar con un pecado, pero si no hubo un cambio de mente y una transformación en el estilo de vida, el espíritu de mentira, odio, raíz de amargura o el que sea, seguirá oprimiendo la mente de la persona; porque le ha dado derecho legal de permanecer (por el pecado). La persona sigue cargando con la condenación de sus pecados, sin disfrutar de la libertad y autoridad ya concedida por Dios.

El es la Roca, cuya obra es perfecta, Porque todos sus caminos son rectitud; Dios de verdad, y sin ninguna iniquidad en el; Es justo y recto. La corrupción no es suya; de sus hijos es la mancha. Deuteronomio 32:4-5.

Jesús Cargó en la Cruz de la Iniquidad

En Isaías 53:5-7 dice: *Mas él herido fue por nuestras rebeliones, molido por nuestros pecados; el castigo de nuestra paz fue sobre él, y por su llaga fuimos nosotros curados. Todos nosotros nos descarriamos como ovejas, cada cual se apartó por su camino; mas Jehová cargó en él el pecado de todos nosotros. Angustiado él, y afligido, no abrió su boca; como cordero fue llevado al matadero; y como oveja delante de sus trasquila-dores, enmudeció, y no abrió su boca.*

Jesús no sufrió y murió por su propio pecado, ya que Él no tuvo pecado, sino que fue el sustituto perfecto por los hombres pecadores. En el texto de Isaías, resalta que Jesucristo es el recipiente sustitutivo de la ira de Dios sobre los transgresores. Sí, Él sufrió el castigo de Dios a fin de procurar tu paz con Dios. Dios puso la iniquidad sobre Él, tratándolo como si Él hubiera cometido todos los pecados, de todos los que habrían de creer en Él a través de toda la historia. Aunque Él fue perfectamente inocente de cualquier pecado. Dios hizo esto a su Hijo para que la ira se consumiera y la justicia quedara satisfecha. De esta manera Él puede acreditar la justicia de Cristo a favor de los pecadores.

> *¡Gracias a Dios que estamos en el Nuevo Pacto de su sangre que nos libra del pacto antiguo! Sobre Jesucristo cayó este castigo, que eran nuestras rebeliones e iniquidades.*

¿Quién Pecó? ¿Éste o Sus Padres?

La ley dada por Moisés había dejado claro que los hijos no eran castigados por los pecados de sus padres de acuerdo a la descripción de Deuteronomio 24:16; **pero los hijos sentirían los efectos de la violación de la ley de Dios por parte de la generación de sus**

padres, como consecuencia natural de la desobediencia.

Los hijos criados en este ambiente absorberían de tal modo la idolatría (había la posibilidad) de que la pusieran en práctica, y esta a su vez, pasaría a desarrollar una forma de vida bajo el efecto de la desobediencia. Por eso siempre, debes reclamar tus hijos por las promesas de Dios, y saber con quien es que estás combatiendo. ¡Recuerda! que ellos serán los que continúen trayendo la luz del evangelio y gloria de Dios a las naciones. Tu futura generación va a ser el fruto de tu intercesión y de tu clamor

> Los hijos de Dios están para arrancar esa semilla de maldad y PRODUCIR UNA GENERACIÓN como Dios estableció desde el principio.

La consecuencia de esta maldad estaba tan arraigada, que se necesitaba el **juicio de Dios** para eliminarla. Todo hombre tiene derecho a escoger el buen camino y renunciar al pecado. No hay duda alguna de que toda persona tiene la oportunidad de ponerse a cuentas con su creador durante el transcurso de la vida. Jesús pagó el precio de la iniquidad.

Existe una diferencia entre llevar (a través de los genes) el carácter, el color de ojos y cabellos, y por otro lado persistir en vivir una vida de corrupción y pecado lejos de Dios.

Dios hablo al profeta Ezequiel con respeto a esto: *Y si preguntáis: ¿Por qué es que el hijo no cargará con el pecado de su padre? Es porque el hijo practicó el derecho y la justicia, guardó todos mis estatutos y los puso por obra; por eso vivirá. El alma que peca, esa morirá. El hijo no cargará con el pecado del padre, ni el padre cargará con el pecado del hijo. La justicia del justo será sobre él, y la injusticia del impío será sobre él. Ezequiel 18.19-20.*

Es necesaria la confesión de los pecados y esto debe de nacer de un corazón arrepentido. Ese es el primer paso para la reconciliación con Dios. La confianza y la fe es necesaria cuando se le pide con humildad:

Lávame más y más de mi maldad, y límpiame de mi pecado. Salmo 51.2. Dios requiere que confieses tus pecados, como dice el salmista: *Mi pecado te declaré y no encubrí mi iniquidad. Dije: Confesaré mis rebeliones a Jehová y tú perdonaste la maldad de mi pecado.* Salmos 32.5.

La esencia de la personalidad de Dios es su trono, en juicio y justicia. Y fuera de su justicia no hay el verdadero amor, porque el amor de Dios esta asentado en sí mismo, que es fuego purificador.

El profeta Isaías escribió acerca del Mesías y de cómo llevaría en su muerte la iniquidad del hombre, para que este fuera libre de ella.

Verá el fruto de la aflicción de su alma y quedará satisfecho: por su conocimiento justificará mi siervo justo a muchos, y llevará sobre sí las iniquidades de ellos. Isaías 53.11. Dios busca frutos/obras que den muestras de cambio, ¿Qué es lo que Dios busca en tu vida? Busca fruto, muchos cristianos no están dando el fruto al 30% al 60% o al 100% que Dios quiere que den. El Padre pasa y todas aquellas ramas que dan fruto (como la vid) serán podadas para que den mas, y toda rama que no este llevando nada de fruto será cortada. *Así que, por sus frutos los conoceréis.* Mateo 7:20. Puedes tener debilidades, pero Dios buscará de ti siempre, frutos dignos de arrepentimiento.

Los frutos son los que dan la excelencia a cada hijo de Dios, y estos se manifiestan cuando ha habido un verdadero arrepentimiento. Se pueden hacer muchas cosas para el Señor en la vida cristiana, puedes correr de aquí para allá, pero si no habido un quebrantamiento de corazón, no ha habido en tu alma un cambio de conducta, un encuentro con la cruz, No tendrás el 100% de victoria por la cual has sido llamado. Cuando te encuentras con ese amor purificador pasas por el juicio, y la sangre de Cristo te limpia de todo mal. Pero también pasas por esa justicia divina, por eso dice la Palabra: *"el justo por la fe vivirá"* (Gálatas 3:11) y por cierto que no morirá, porque ya Jesucristo lo hizo por él.

Lo contrario de juicio es impiedad y lo contrario de justicia es iniquidad. Esto quiere decir que cuando se enfrenta la iniquidad tiene que enfrentarse el juicio de Dios. Porque la justicia de Dios es lo que Cristo hizo por nosotros. Esto testifica que Jesús se puso en nuestro lugar.

Rompiendo las Maldiciones de Iniquidad

Daniel pidió perdón y se arrepintió por el pecado de sus antepasados (los pecados de sus padres y los de su pueblo). *Y volví mi rostro a Dios el Señor, buscándole en oración y ruego, en ayuno, cilicio y ceniza. Y oré a Jehová mi Dios e hice confesión diciendo: Ahora, Señor, Dios grande, digno de ser temido, que guardas el pacto y la misericordia con los que te aman y guardan tus mandamientos;* **hemos pecado**, *hemos cometido* **iniquidad**, *hemos hecho* **impíamente, y hemos sido rebeldes**, *y nos hemos* **apartado** *de tus mandamientos y de tus ordenanzas.* **No hemos obedecido** *a tus siervos los profetas, que en tu nombre hablaron a nuestros reyes, a nuestros príncipes, a nuestros padres y a todo el pueblo de la tierra. Tuya es, Señor, la justicia, y nuestra la confusión de rostro,... en todas las tierras adonde los has echado a causa de* **su rebelión con que se rebelaron** *contra ti.* Daniel 9:3-7.

Jesús se hizo pecado y tomó toda la iniquidad de todas las generaciones, cayendo sobre su cuerpo, antes de morir. La obra de Cristo fue perfecta, pero Él quiere que hoy le reconozcas, confieses tus pecados y te arrepientas para que seas libre del pecado de rebelión que es la iniquidad.

1. Toma un papel y escribe todo lo que crees que se movió en tus antepasados, para pedir perdón y quebrantar las maldiciones generacionales.
2. Identifícate con algunas de las causas que han podido maldecir tu generación.
3. Saca un tiempo para ayunar y humillarte delante de Dios.
4. Reclama las promesas de Dios, escritas en su Palabra.
5. Jesucristo se hizo pecado para cargar con tus transgresiones, por eso pide perdón con una actitud de arrepentimiento de todo corazón, para que sean borrados todos tus pecados.
6. Renuncia a todo lo oculto y todo lo que tiene que ver con las prácticas orientales que han podido afectar tu vida.
7. Perdona a todos aquellos que te han herido y rechazado de todo corazón.
8. Desásete de todos los libros de ocultismo, objetos, símbolos, fetiches y todo aquello que tenga que ver con el mundo del ocultismo

Busca en esta lista los espíritus generacionales que han podido activar la iniquidad generacional en tu vida y renuncia a ellos.

■ ORACIÓN

Me arrepiento de mi pecado y Rompo la maldición que llegó a mi vida directa o indirectamente por mis anteriores generaciones y por causa de la puerta que he abierto.

Renuncio:
- ◇ Magia negra
- ◇ Magia Blanca
- ◇ Gurú
- ◇ Altares de santería
- ◇ Palería
- ◇ Macumba
- ◇ Ubanda (Brasilera)
- ◇ Rompo: Pacto de sangre con lo oculto,
- ◇ Pactos con las mafias
- ◇ Pactos con Satanás
- ◇ Pactos con la muerte
- ◇ Yoga, meditación trascendental
- ◇ Nueva Era
- ◇ Masonería
- ◇ Nazismo
- ◇ Adulterio
- ◇ Incesto
- ◇ Divorcio
- ◇ Homosexualismo,
- ◇ Lesbianismo,
- ◇ Sexo ilícito
- ◇ Animalismo
- ◇ Pornografía

- Pornografía infantil
- Espíritus inmundos de violación (incesto)
- Embarazos fuera del matrimonio o abortos.
- Asesinatos y suicidio en la familia
- Accidentes de muerte
- Enfermedades crónicas
- Cáncer, Leucemia
- Asma y más (mencione la conveniente)
- Fraude y estafa
- Mentira
- Cárcel física y espiritual
- Círculos hechos por los indígenas
- Drogas, espíritu de la calle,
- Abandono
- Soledad
- Tráfico ilegal
- Dinero ilícito
- Enemistades familiares,
- Violencia domestica, golpizas,
- Ira,
- Palabras maldicientes y obscenas
- Locura,
- Esquizofrenia,
- Demencia
- Bloqueos mentales y confusión
- Confusión
- Alcoholismo
- Tabaco
- Mariguana
- Maldiciones de sus países natales

...Sé que el deseo de Dios es que sea totalmente libre para siempre, de toda Iniquidad y que nunca más esté atado a las maldiciones del pecado. Tengo promesa de Dios de vivir una autentica y genuina victoria por medio de aquel que me amo y derramo su sangre por mí, Jesucristo quien me da la vida eterna y me presenta ante el Padre aquel que me da eternidad y abundancia de vida.

Conclusión

Si tú crees firmemente que a través del sacrificio perfecto que Jesucristo realizó en la cruz, abolió toda tu iniquidad, rebelión y pecado; te invito a que ores con todo tu corazón de la siguiente manera:

Dios y Padre Eterno me acerco a ti con un vivo y genuino arrepentimiento en mi vida, pidiéndote perdón por la iniquidad de mis generaciones pasadas, y ahora mismo yo renuncio a toda maldición generacional que halla podido llegar a mi vida. Declaro que Jesucristo la llevó mediante su muerte expiatoria en la cruz. Ahora mismo me apropio de todos los beneficios que han sido otorgados a mi favor y de mi familia, rompo con todo espíritu de iniquidad y establezco que toda semilla de maldad depositada en mi generación ahora mismo es arrancada totalmente, ninguna semilla de maldad podrá germinar en mi vida, ni en mi familia, sólo recibo la semilla de vida y de bendición que Dios quiere depositar en mi, para fructificación y multiplicación.

Declaro que a partir de este momento todo lo procedente del pecado en mi, como desánimo, desaliento, aflicción, depresión, incapacidad de madurez, falta de crecimiento espiritual y cualquier otro obstáculo que sea levantado para impedir mi total y genuina victoria, ahora mismo se arranca y desaparece de mi vida. Ahora me levanto espiritualmente en fe y confianza y recibo todo aquello que Dios ha prometido por su palabra derramar en mi vida, lo declaro en mis hijos y en toda mi familia. Yo creo que soy fortalecido mediante la unción poderosa del Espíritu Santo, y recibo su llenura. No hay cabida en mi vida para nada que no proceda del único y verdadero Dios a quien amo y sirvo. A partir de este momento yo comienzo a escalar nuevos niveles de revelación y fe.

Todo esto lo reclamo en el nombre de mi Señor y Redentor Jesucristo, creyendo que El lo hace, ahora y siempre, Amén

Bibliografía

Biblia de Estudio Arco Iris. Versión Reina Valera, revisión 1960. Coypyright © 1995, Broadman & Holman Publishers, Nashville, Tennessee. ISBN: 1-55819-555-6

Biblia Plenitud. 1960 Reina-Valera Revisión, ISBN: 089922279X, Editorial Caribe, Miami, Florida.

Blue Letter Bible Institute (www.blueletterbible.org)

Vine, W.E. Diccionario Expositivo de las Palabras del Antiguo Testamento y Nuevo Testamento. Editorial Caribe, Inc./División Thomas Nelson, Inc., Nashville, TN, ISBN: 0-89922-495-4, 1999.

Biblia de estudio MacArthur, ISBN 0-8254-1532-2, edición en castellano, coypyrith 2004, editorial Portavoz.

Diccionario Real Academia Española
USA

C.I. Scofield. Biblia Versión Ampliada Reina – Valera 1960

www.ingramcontent.com/pod-product-compliance
Lightning Source LLC
LaVergne TN
LVHW091255080426
835510LV00007B/269